공부유감

공부유감

이창순 지음

모아북스
MOABOOKS

이 책은 누가 읽어야 하는가?

이런 사람 1

남보다 열심히 하는데
성적이 안 올라요.

이런 사람 2

과외도 받고 '공부 달인' 책도 여러 권 읽었는데
아직 공부하는 법을 모르겠어요.

이런 사람 3

학교 졸업하면 공부는 끝이라고 생각했는데
사회생활 하면서도 해야 할 공부가 너무 많아요.

이런 사람 4

우리 애는 시키면
잘하는데
무슨 공부를 해야
할지 모르겠대요.

이 책을 가장 잘 활용하는 법은? 💡

Point 1

공부의 현실을 낱낱이 파헤친다!

학교, 가정, 사회 등 '학'만 강조하는 공부 문화를
들여다보고 이 시대에 필요한 공부법을 알아보자.

Point 2

어차피 해야 할 공부라면 제대로 하자!

태어나는 순간부터 은퇴할 때까지 우리는 늘 공부를 해야
한다. 투자 대비 최대 효율을 내는 공부법을 알려준다.

Point 3

최고의 공부 실천법을 제시!

그러면 어떻게 변해야 하나?
〈학-습-열-작〉으로 이어지는 학습의 패러다임을 이해하고
공부에 대한 인식 전환과 실천법 공개.

Point 4

공부의 핵심역량 8가지만 익히자!

생각, 질문, 창의, 공감, 통찰, 해결, 가공, 실행…
세상 모든 공부는 이 8가지로 끝난다.
핵심역량을 바탕으로 공부법을 다시 배워보자!

공부가 뭐길래?

공부란 뭘까?

쉽지 않은 질문이다. 공부가 무엇인지는 자세하게 따져봐야 할 문제지만, 공부에 관한 익숙한 장면은 많다.

학생들은 열심히 공부를 하는데 성적이 나지 않는다고 하소연한다. 수많은 공부법 책이 서점에 가득하다. 공부법에 통달했다는 강사, 족집게 선생 등 학습 요령을 짚어준다는 강사들이 큰 인기를 얻는다. 겨우 말을 뗀 뒤부터 성인이 될 때까지 20~30년을, 아니 심지어 어른이 되어 사회생활을 하고 가정을 꾸린 뒤에도 우리는 공부를 한다. 사는 일은 어떻게 보면 끊임없이 공부를 하는 여정으로 느껴진다.

그렇게 오랫동안 열심히 공부를 하건만 우리는 그에 걸맞은 결과를 얻고 있을까? 초등학생, 중학생, 고등학생, 직장인, 대학생, 강사, 교사, 교수, 어르신 할 것 없이 공부를 해서 크게 만족한 사람은 없다고 한다. 공부만큼 투자 대비 결과를 내지 못하고, 효율 떨어지는 일도 없을 것이다. 무엇이 문제일까?

공부란 '배우고 익히는 일'이다. 즉 '배울 학學+익힐 습習'의 학습을 말한다. 학學은 이제까지 알지 못했던 지식을 얻는 과정이고, 습習은 스스로 연습한다는 의미다. 그래서 학습이란 새로운 것을 배우고 연습해서 내 것으로 만든다는 뜻일 것이다.

그런데 우리나라 교육에는 학學만 있지 습習이 없다. 배우는 활동은 있는데 연습하는 활동이 없다. 왜냐하면 학이 자연스럽게 습을 낳아야 하는데 학과 습이 따로 놀기 때문이다.

우리는 대부분 공부에 대한 고정관념을 가지고 있다. 교실 안에서 선생님의 수업을 들으며 공부하는 것을 가장 올바른 공부로 생각하는 것이다. 그 결과 우리 교육은 탁월한 암기력, 정답을 귀신처럼 찾아내는 능력, 단답형 지식을 재빨리 답하는 능력으로 학습자들을 우등생과 열등생으로 나누어 경쟁시키고 있는 것이다. 아마도 내용에 대한 습득 능력은 세계에서 우리나라가 최고일 것이다. 그러나 선진국을 모방하고 추격하던 성공 방정식은 이미 끝났다.

세계 각국 교육 현장을 보면 창의적 인재를 절실히 요구하는데 우리 교육은 낡은 방식 그대로다. 창의력과 생각의 힘을 키우려면 수업방식, 평가방법 등을 근본적으로 바꾸는 것도 필요하지만 무엇보다 교육과 관련된 사람들의 인식 변화가 필요하다고 생각한다.

볼링 경기에서는 공을 한 방향으로 굴려야 한다. 핀 10개를 다 쓰러뜨려야만 이기는 경기이기 때문이다. 이런 모습은 우리의 교육 현장과 비슷하다. 즉 교육자가 학습자에게 지식을 일방적으로 가르치고 전달한다. 학습자는 딴생각을 하지 말고 오로지 교수자가 가르쳐주는 대로 지식을 수용하고 암기해야 한다. 비판적인 사고나 창의력은 원천적으로 차단되는 셈이다. 질문하는 능력이나 의사소통 능력을 죽이는 교육이다. 이대로는 미래사회를 개척해나갈 창조적 인재를 기를 수 없다. 이젠 새로운 공부법이 필요하다.

필자는 이 시대에 필요한 공부법으로 '학學—습習—열說—작作'으로 연결되는 새로운 패러다임을 제안한다. '학' 과 '습' 을 넘어 '열' 이 되고 학습된 지식으로 행동을 이끌어내며, 어떤 결과물을 만들어내는 '작'의 행동까지 궁극적인 학습 변화의 과정을 살펴볼 것이다. 먼저 그동안 우리 교육에서 지나치게 치중했던 학學의 모습을 들여다본다.

기업이 원하는 인재들을 제대로 공급하지 못하는 우리의 대학 현실, 암기력과 단답형 지식을 요구하는 수학능력시험과 테스트 방식, 과도한 조기교육과 선행학습 등 사교육으로 고달픈 학생들, 강의만 있고 질문이 없는 교실, 교수의 숨소리까지 받아 적겠다는 각오로 강의 내용을 필기한 후 완벽하게 외워 우등생이 되는 불합리한 교육 현실속에서 공부하고 있다. 이것이야말로 지금 이 시대에 누구나 공감하는 공부에 대한 유감이다.

어떻게 하면 우리의 미래 세대들이 자신의 꿈을 찾고 역량을 키울 수 있도록 든든한 조력자 역할을 해줄 수 있을까? 이런 질문에 대한 대책으로 '학學—습習—열說—작作' 공부 실천을 제안한다. '학—습—열—작' 공부를 위해서는 먼저, 우리 신체와 마음이 함께 작동해야 한다.

공부와 연결되는 지식은 각기 떨어져 있는 것이 아니라 서로 연결되고 교차한다. 더불어 그런 상호작용 안에서 지속적으로 새로운 생각과 역량을 만들어내는 것이다.

그래서 머리로는 생각하는 힘과 질문하는 힘을 만들어낸다. 가슴으로는 창의적인 생각과 타인을 이해하고 배려하는 공감력을 길러낸다. 귀로는 다양한 지식과 정보를 받아들여 끊임없는 연구를 통해 통찰이라는 새로운 패턴을 발견한다. 그리고 손을 통해 수작手作을 부리고 수작秀作을 만들어낸다. 결론적으로 우리의 신체와 마음의 상호작용으로 '학—습—열—작'을 완성할 수 있는 8가지 공부 액션 플랜을 만나보자.

첫째, 생각력이다. 인간의 모든 행동은 생각에서 시작된다. 생각이 부족하여 소위 '삽질'하는 일은 줄여야 한다는 마음으로 생각도구 몇 가지를 소개한다.

둘째, 질문력이다. 우리 사회는 질문하는 사람을 바보로 만든다. 질문하여 알려는 사람에게 그것도 모르느냐며 무시한다. 그러나 세상의 모든 변화는 질문에서부터 시작한다.

"사과는 왜 나무에서 떨어질까?" 뉴턴의 이 질문이 없었다면 만유인력의 법칙도 없었을 것이다.

셋째, 창의력이다. 창의력이 필요한 이유는 무엇일까? 전 세계 수많은 학자들이 4차 산업혁명시대 필수역량으로 꼽는 것이 바로 창의력이다. 창의적인 사고를 할 수 있는 몇 가지 기법들에 대해 소개한다.

넷째, 공감력이다. 공감력은 상대의 감정을 잘 헤아리고 그 감정에 맞춰 대응할 수 있는 역량이다. 심리학자들의 발표에 따르면 팀워크와 지능지수는 성과 향상에 아무런 상관관계가 없지만, 높은 공감능력은 높은 성과를 보여준다고 한다.

빠르고 복잡하게 변화하는 사회 일수록 공감력은 더욱 요구될 것이다. 어떻게 하면 공감능력을 높일 수 있는지 그 방법과 사례들을 소개한다.

다섯째, 통찰력이다. 많은 사람들이 통찰력하면 직관력을 떠올린다. 통찰력과 직관력은 어떻게 다른지 알아보자. 먼저, 직관력은 자신들이 이미 경험하고 배운 패턴을 사용하는 것이다. 그에 비해 통찰력은 어떤 경로를 통하여 이 세상에 존재하지 않던 것이 탄생하는 것이 아니라 오랜 고뇌와 사고 그리고 끊임없는 연구를 통하여 스스로 조금씩 깨우쳐 가는 과정에서 새로운 패턴을 발견하는 것이다.

여섯째, 해결력이다. 우리는 왜 일을 하는가? 문제를 해결하기 위해 일을 한다. 그럼 문제란 무엇인가? 바람직하지 못한 상태 또는 현재 상태를 악화시킬 수 있는 위협이다. 따라서 문제해결은 이러한 위협을 제거하고 재발을 방지하는 활동이다. 문제해결 역량 향상을 위한 몇 가지 사고기법과 관련 사례들을 소개한다.

일곱째, 가공력이다. 우리는 현재 지식과 정보의 홍수 속에서 살고 있다. 이제 웬만한 지식들은 손바닥 안에 있다. 그것을 가공하고 나아가 확대 재생산할 수 있는 시스템을 다루는 교육을 해야 한다. 이제는 공부로만 끝나서는 안 된다는 이야기다. 일례로 원광대 치대생들이 아이폰을 뜯어본 일화 등을 소개한다.

여덟째, 실행력이다. 배움의 주목적은 실제로 사용하기 위한 것이다. 실천하고 성과를 내는 일이 실행력이다. 미국에서 스티브 잡스가 나올 수 있었던 것은 어려서부터 창의적 인재로 성장할 수 있는 환경이 뒷받침됐기 때문이라고 한다. 이른바 '차고 Garage 문화'가 창의적인 아이디어를 생각으로만 그친 것이 아니라 실행에 옮겨 결과물을 만들어낼 수 있는 역할을 했던 것이다.

필자는 기업에서 교육업무를 오랫동안 다루어왔다. 학생 티가 풀풀 남아 있는 신입사원들 교육부터 중견사원, 경영층까지 다양한 계층에 적합한 과정을 준비하고 강의도 한다. 요즘 학생들의 공부도 궁금하여 학교 현장에도 나가보았다.

학생이나 기업인이나 교육이라는 하나의 줄기에 흐르는 물은 똑같음을 느꼈다. 필자의 학창시절이나 지금이나 변하지 않는 시스템은 오로지 '교육' 이라는 고정관념이었다. 그래서 우리나라 교육에 대한 전반적인 느낌을 '유감' 으로 제시한다.

이 책이 모든 사람들에게 서로 꼭 들어맞지는 않을 것이다. 다만, 이 책에서 들려주는 이야기들이 배움의 길을 걷는 모든 독자에게, 공부를 가르치는 교육자에게 새로운 충격을 주고 마음속의 변화를 일으켜 새로운 에너지가 될 수 있기를 기대한다.

이창순

차 례

1장　강요에 의한 공부는 이제 그만!

2장   공부유감

3장   공부가 어렵다면 이렇게 극복하라

강요에 의한 공부는 이제 그만!

공부는
속도가 아니라
방향이다

우리에게 공부는 남들보다 빨리 배우는 데 초점을 맞추지만, 사실은 곰곰이 배우기, 천천히 배우기가 더 중요하다. 한국창의재단 연구를 보면 1년 이상 선행학습을 한 학생 비율은 60퍼센트(초·중·고)이고, 3년 이상 선행학습을 한 학생도 있다. 초등학교 때 중학교 과정을 다 배웠고 중학교 때 고등학교 과정을 다 끝냈다는 것이다. 그 비율도 2~3퍼센트나 된다.

더 빨리 배우면 더 뛰어난 학자가 될 것인가? 실제 연구 결과를 보면 초기에는 선행학습을 한 학생이 좀 더 공부를 잘하는 것처럼 보이지만 장기간에 걸쳐 추적해보면 성적이 전체적으로 떨어지는 것으로 나타났다.

왜 그럴까? 하나는 능력을 착각 하기 때문이라고 한다. 먼저 배우면 더 능력 있는 사람이라 착각한다. 배운 내용을 곰곰이 곱씹으면서 깊이 있게 공부하지 않으면 아무리 빨리 배워도 헛된 배움이다. 학습이라고 하는 것은 이전 지식체계를 기반으로 해서 확장시켜 나가는 것이다.

그런데 너무 빨리 배우다 보면 그 지식체계를 온전하게 통합적으로 만들지 못한 상태에서 앞으로만 계속 나가기 십상이다. 엉뚱한 방향으로 가기 때문이다. 불완전한 건물을 계속 짓는 것과 같다. 사상누각처럼 무너져 내리는 것과 같다. 시간이 지나 보면 자신이 '공부를 그렇게 잘하지 못하고 있구나' 라는 좌절에 빠져 열정과 동기를 잃게 된다.

기업과 사회에서도 마찬가지다. 교육기회 확대와 더불어 새로운 사회 구성원들의 역량 향상, 기대 수준은 빠른 속도로 올라가고 있다. 반면 이를 받아줄 기회는 제한되어 있고 경제 성장률 둔화에 따라 오히려 줄어드는 특성을 보이는 것이 현실이다. 이런 사회 분위기 속에 결국 남들보다 빨리 가려 하고, 그렇지 못하면 쉽게 포기하고 마는 모습들을 많이 본다.

부정적인 의미로 표현되는 '스펙 쌓기' 또한 경쟁에서 앞서 가기 위한 자기계발의 이면이기도 하다. 안정적인 직장을 위해 발

빠르게 움직이는 학생들이 많다. 그러나 조직에서는 진정 원하는 것이 무엇인지를 아는 것이 중요하다.

빨리 가는 것이 능사가 아님을 알아야!

많은 기업의 채용담당자들에 따르면, 고학력은 물론 각종 공모전 수상경력부터 해외연수, 다수의 인턴 경험까지 훌륭한 스펙을 가진 지원자가 많지만 안타깝게도 막상 기업이 원하는 인재와는 거리가 먼 경우가 많다고 한다. 혹 스펙이 첫 번째 관문을 통과하는 데 도움을 줬다 하더라도, 입사 후에 사람을 평가하는 기준은 전혀 다른 것이다.

가장 단순한 기준은 성과일 텐데, 그 성과는 책임감과 일에 대한 호기심, 새로운 것을 받아들이고 배우고자 하는 열정과 자세, 팀워크를 뒷받침하는 타인에 대한 배려 능력 등에 좌우되는 것을 대학생들은 모른다.

그렇다고 우리 후세대들이 정말 불행한가? 긴 인생에서 꿈과 희망, 고민과 노력까지 포기의 대상으로 삼지는 말아야 한다. 방향이 잘못되었을 뿐이다. 빨리 가는 것이 능사가 아님을 알아야 한다. 남들이 다 하기 때문에 가지려 하는 것은 불행이다.

탈무드에 이런 이야기가 있다. 한 청년이 두찬이라는 마을을 찾아가고 있었다. 그런데 초행길이어서 도대체 얼마나 더 가야 하는지 알 수 없었다. 마침 마차가 한 대 지나가기에 길을 막고 세워 물어보았다.

"실례합니다만, 두찬까지 얼마나 더 가야 합니까?"

"대략 30분 정도 더 가면 될 겁니다."

마부가 이마의 땀을 닦으며 답했다.

"혹시 마차를 태워주실 수 있겠습니까?"

청년의 부탁에 마부는 고개를 끄덕여 승낙했다. 마차가 달리고 30분이 지났을 즈음 청년이 물었다.

"30분이 됐으니 마을에 거의 다 왔겠군요."

"마을요? 아, 두찬 말씀인가요?"

"네."

"두찬은 반대 방향입니다."

"예? 두찬으로 가는 게 아니었습니까?"

"그렇소."

"그렇다면 왜 저를 마차에 태워주셨나요?"

"당신은 어디로 가는 마차냐고 묻지 않고 그냥 태워달라고만 하지 않았습니까?"

이렇게 방향을 잘 잡지 못하면 아무리 달린들 헛수고에 그치고 만다. 사소한 듯 보여도 방향 한번 잘못 잡아 인생을 그르친 사례를 적지 않게 봐왔으니 뭐 하나 버릴 게 없는 고전의 지혜에 무릎을 치게 된다.

이제는 '100세 시대'를 지나 '120세 시대'라고 한다. 지금 당장 힘들고 때론 실패하고 그래서 가슴 아프다 하더라도 방향만 잃지 않는다면 당신은 그 길을 가게 될 것이고 그 길 위에서 행복할 것이다. 그 길을 찾고자 하는 여유와 담대한 용기를 가질 때 우리는 진짜 청춘이고, 그 길 위에서 누구보다 더 최선을 다하는 진지함과 부지런함이 있을 때 우리는 진정으로 자기 인생의 주인이 되는 것이 아닐까.

속도 집착은 좀비를 양산한다

영화 〈부산행〉은 정체불명의 바이러스가 전국으로 확산되면서 시작된다. 부산행 KTX에 탑승한 이들은 생존을 위해 생면부지의 낯선 이와 협력하는가 하면, 반대로 자신만의 생존을 위해 타인을 희생시키기도 한다.

필자는 '통제되지 않은 속도 집착 사회'에 초점을 맞추고 싶다. 영화의 주 배경은 무궁화호, 새마을호가 아닌 KTX다. 국내 다른 열차보다 '고속'을 강조하는 열차다. 주인공 석우의 직업은 남들보다 빠른 정보를 활용하는 펀드매니저인데, 영화에서는 펀드매니저가 악용한 정보로 재앙이 시작되는 설정을 했다. 빠름을 위해 우리 사회가 잃어버린 것은 생각보다 많다. 간디는 "방향이 틀리면 속도는 아무 의미가 없다"라고 말했다. 우리의 교육도 마찬가지다. 너무 빨리 배우는 것은 분명 문제가 있다. 한창 뛰어놀아야 할 유아기에 영어학원, 중국어학원으로 아이들을 내몬다. 심지어 유치원 단계에서 이미 초등학교 전 과정을 훑게 만드는 선행학습을 한다.

자본주의 문명의 광적인 '속도 집착'은 좀비 바이러스라는 재앙의 원인이 되었다. 영화에서는 좀비로 표현되었지만 속도에 대한 집착은 교육 현장의 가장 큰 재앙의 씨앗일 것이다.

공부의
정의란?

'지식은 가르칠 수 있지만 지혜는 전할 수 없다' 라는 말이 있다. 지혜는 내면의 고민 속에서 사색을 거쳐 수정하면서 통섭적으로 기르는 것이다. 고민이 없다면 지혜의 성장이 멈춰 있는 상태다.

공부는 배우는 것學과 익히는 것習, 두 개의 날개로 나는 새와 같다. 배움으로써 끝나는 것이 아니라 익히고 생각하고 실천함으로써 완성되는 것이다. 그런데 우리는 대개 배우는 것만 공부라고 여기고 제대로 익히지 않으니 실제 현실에서 배운 것을 제대로 활용하지 못하는 것이다. 우리 학생들은 배우는學 데는 광적이다. 그러나 충분히 익히지習 못해 배우는 만큼 효과를 보지 못한다. 학원에 열심히 다녀도 성적이 늘 제자리라면 그것은 '습' 의 과정을 체험하지 못했기 때문이다.

현재 '스펙 쌓기' 에 열중하고 있는 학생들은 '학' 은 쌓지만

'습'을 쌓는 것은 아니다. 습은 익히는 것으로서 직접 경험하고 시행착오를 거쳐서 뇌리에 각인된다. 그런데 우리 사회의 교육은 '습'이 아닌 학만 중시하고 있다. 진정한 지혜를 갖추기 위해서는 '습'에 초점을 맞추고 실천함으로써 성장할 수 있다.

결국 '학'과 '습'이 조화를 이뤄야만 제대로 된 공부라 할 수 있다. '학'이 부족하고 '습'만 있다면 전체를 보지 못하고, '학'만 있고 '습'이 없으면 실전에서 힘을 발휘할 수 없다.

배우기만 하고 익힐 시간이 없다

요즘 학생들은 학교에서, 학원에서 너무 많은 것을 배운다. 배우는 시간이 많다 보니 스스로 익힐 시간이 없는 것이다. 공부 효율을 위해서는 배우는 것도 중요하지만 익히는 것이 더 중요하다고 본다. 배운 것을 혼자 충분히 익힌다면 그 이상 배우는 것은 시간 낭비가 될 수 있다. 1시간 정도의 배움이 있었다면 3시간 정도의 익힘의 시간을 가져야 자신의 것으로 만들 수 있다.

최근 학생들 하루 일과를 보면 거의 살인적이다. 유치원생부터 고등학생까지 연령 구분도 없다. 아침부터 저녁까지 배움의 연속이다. 오후까지 이어지는 학교 수업, 방과 후 각종 수업과 예체 능 수업, 중·고등학생들의 과목별 학원 수업, 귀가 후에는 학교 숙제와 학원 숙제의 연속이다. 그 많은 숙제를 마치고 체력을 소 진한 학생들은 SNS나 게임 등으로 스트레스를 해소할 궁리를 한 다. 정작 오늘 하루 배웠던 새로운 개념과 지식을 다시 읽어보고 머릿속에 담아두는 익힘의 시간을 가질 여유가 없는 것이다. 이 렇게 하루의 대부분을 책상 앞에 앉아 공부를 하는데 왜 시험 성 적은 천차만별일까? 물론 학습 재능의 차이도 있겠지만 전문가 들은 공부 방법의 차이가 이를 가늠한다고 말한다.

학의 기억은 '단기 기억'이다. 반면 그 정보를 찾고 재생하는 반복을 거치는 습의 기억은 '장기 기억'이다. 대뇌피질에 긴밀 하게 연관된 또렷한 장기기억들을 인출해서 전두엽에서 새로운 결합정보를 생성해야 하는데, 하나하나 분절적인 학의 기억으 로는 연관이 되질 않아 응용문제를 해결하지 못한다.

하루 종일 수업을 듣고 문제풀이도 계속했지만 정작 새로운 문제 유형 앞에서는 백지 상태가 되어버리는 이유는 바로 여기 에 있다. 배운 것들을 익혀 장기 저장소로 보낸 뒤 꺼내 써야 하 는데 바로 단기 저장소에서 자꾸 꺼내 쓰다 보니 다 소진해버리 는 것이다.

익힘의 시간이 답이다

전문가는 "현재 8 : 2 정도로 쏠려 있는 학생들의 수업과 자습 비율을 반대로 뒤집어줘야 한다"라고 주장한다. 배운 내용을 익히는 시간의 확보가 절대적으로 중요하다는 말이다. 학생들은 "선생님, 들어본 적 있는 것 같아요", "그거 알았었는데……" 이런 말을 자주 한다. 수업 시간에 들은 정보를 자신의 것으로 소화하지 못했기 때문이다. 학생들이 학교 교육을 받기 시작하면서 '습' 의 과정을 배제한 빠른 기억과 답을 요하는 '학' 의 과정에 내몰린다. 선행을 위해 '진도 빼기' 식 학을 하고 교재가 끝나면 다 잊어버리는 것이다. 이런 인스턴트 교육을 극복하기 위해서는 인출과 재생을 반복하는 습의 과정이 꼭 필요하다.

학에서 습으로 나아가야 한다

교육敎育이라는 단어를 사전에서 찾아보면 '지식과 기술 따위를 가르치며 인격을 길러줌' 이라고 되어 있다. 또 '교육' 이라는 한자를 분석해 보면 '낳은 아이를 회초리로 쳐서라도 가르치고 배우게 해서 길러내는 일'이라고 해석할 수 있다.

학습學習의 사전적 의미는 '배워서 익힘'이다. 교육은 선지자가 후손을 가르치는 것을 말하고, 학습은 그 가르침을 스스로 배우고 익히는 것을 의미한다. 교육의 주체는 '가르치는 사람'에 있고, 학습의 주체는 '지도를 받는 사람'에 있는 것이다. 그런데 우리 교육은 배우고자 하는 사람에 중심이 있는 게 아니라 가르치는 사람에 중심이 있는 게 문제다.

새들은 날갯짓을 하여 하늘을 나는 일이 본업이다. 그런데 생물학자들에 따르면 첫 비행에 실패하는 새끼 새의 비율이 20퍼센트가량 된다고 한다. 고작 머리로만 배운 놈은 솜털이 날개로 변하지 못한 채 땅바닥으로 떨어지고 만다.

새의 세계에서는 학에서 습으로 가는 길이 생과 사가 갈리는 절체절명의 순간이다. 오늘날 우리 학생들의 배움도 마찬가지다. 교육이 학에서 습으로 변모하는 길을 제시하지 못하고, 몸을 웅크린 채 학에 머물고만 있기에 몸소 기쁨과 즐거움을 느끼지 못하는 것이다. 솜털만으로는 날 수 없고 깃이 나야 날 수 있는 것은 새뿐만이 아니다.

우리에게
공부란?

멕시코 협곡에 사는 인디언 타라후마라 족은 세상에서 가장 빠른 부족이다. 사슴을 쫓아가서 잡을 정도다. 속도 자체로만 보면 어림없는 일이다. 인간의 평균 시속은 20킬로미터이고 사슴의 평균 시속은 70킬로미터 이상이기 때문이다. 두 발 달린 인간이 네 발 달린 짐승을 따라잡는 일은 불가능한 일이다.

그러나 이들 타라후마라 족은 어떤 장비도 없이 사슴을 사냥한다. 비결은 다른 데 있다. 어떤 사슴을 점찍으면 그 사슴이 지쳐 쓰러질 때까지 추격한다. 도중에 다른 사슴을 만나더라도 한눈파는 법이 없다. 하루 종일 쫓아다닐 때도 있다. 지독한 추격에 마침내 사슴도 네 발을 들고 만다. 인생은 평생학습이라는 잔잔한 교훈을 준다.

우리나라는 고등학교 3학년 때 공부의 양과 시간이 정점을 이

룬다. 대학에 입학한 후에는 점차 책과 멀어진다. 이해보다는 암기 위주 공부를 한다. 실용성보다는 평가와 결과에만 집착한다. 그러다보니 현실에 적용해 실천하지 못한다.

국제 올림피아드나 국제학업성취도평가PISA: Program for International Student Assessment에 나가서 매년 상위권을 차지하는 등 고등학교 때까지는 세계적으로 우위를 달리지만 대학교 입학 이후에는 세계무대에서 점차 사라진다. 우리는 공부의 목표가 오직 대학에 입학하는 것이다. 대학에 입학했으니 목표 달성은 된 것이다. 따라서 자연스레 공부와는 점점 멀어진다.

반면 유대인은 평생교육을 지향한다. 할머니가 손자와 함께 노벨상 무대에 선다. 죽을 때까지 책을 손에서 놓지 않는다.

살아남기 위한 공부

경쟁이 치열해지면서 실력 있는 사람만이 성공하는 시대가 되었다. 하루가 다르게 신기술과 새로운 정보가 출현하는 등 잠시만 한눈을 팔아도 변화의 속도를 따라잡을 수 없다. 이런 무한 경쟁의 시대에서 살아남기 위해 공부하는 직장인이 늘고 있다. 이른바 샐러던트Saladent, 자기계발을 위해 공부하는 직장인을 가리키는 말로 직장인(salary man)과 학생(student)을 합성의 시대는 계속 진행 중이다.

샐러던트는 지속적인 자기계발이라는 점에서 기존의 평생교육과 비슷한 면이 있다. 그러나 평생교육은 지속적인 자기학습 성격이 짙은 데 비해, 샐러던트는 고용불안에 따른 자기계발 성격이 강하다는 차이점이 있다.

온라인 취업포털 사이트 인크루트가 직장인 1,985명을 대상으로 조사한 결과에 따르면, 약 80퍼센트가 직무 및 어학 관련 분야를 공부하는 것으로 나타났다. 이들 중 하루 평균 자기계발에 투자하는 시간이 1시간이라는 응답자는 52.3퍼센트였으며, 3시간 이상 투자한다는 사람도 14.5퍼센트나 되었다.

직장인이 주로 공부하는 분야는 영어가 31.4퍼센트, 인맥 넓히기가 14.5퍼센트, 업무 관련 교육과정이 12.1퍼센트였고, 대학원 진학, 제2외국어 공부, 자격증 따기 등이 뒤를 이었다.

그러나 직장인들이 공부할 시간을 따로 내기란 말처럼 쉽지 않으며, 나이가 들수록 기억력과 집중력이 떨어지는 것도 큰 부담이다. 시간도 없고 능률도 잘 오르지 않아 직장인들의 고민은 깊다.

취업은 끝이 아니라 공부의 시작이다

흐르는 물에 떠 있는 배는 앞으로 가지 않으면 뒤로 밀려 내려간다. 마찬가지로 학문도 쉬면 멈추어지는 것이 아니라 퇴보하게 된다. 악기를 하루라도 연습하지 않으면 기량이 퇴보하고 학문도 쉬면 다 잃어버리게 된다.

옛날 어떤 스승과 제자의 이야기가 있다. 하루는 스승이 제자에게 "글을 백 번 읽어야 그 뜻을 깨달을 수 있느니라"라고 말하자, 그 제자가 "농사일이 바빠 그럴만한 시간이 없습니다, 스승님!" 하고 말했다. 다시 스승이 말하기를 "농사일에 여유가 있는 '밤', '겨울', '눈 오는 날'에 읽으면 되지 않겠느냐"라고 꾸짖었다. 밤, 겨울, 눈 오는 날은 농사의 틈새 시간이다. 누구나 하루 일과는 거의 비슷하다. 그러나 하루 틈새 시간인 출근 전, 점심시간, 퇴근 후 시간을 어떻게 활용하느냐다. 평생학습도 주된 업무 외의 틈새 시간을 활용해야 할 것이다.

취업 준비생들은 취업만 하면 끝인 줄 안다. 그러나 취업은 또 하나의 시작일 뿐이다. 1970~1980년대만 하더라도 대학 교육을 받은 사람들은 그 지식을 갖고 직장에서 평생을 지내도 큰 문제가 없었다. 그러나 요즘 같은 지식정보사회에서는 어림도 없다. 어떤 지식과 역량이라고 하더라도 소위 그 수명이 너무 짧다. 그러니 취업을 하더라도 바로 재취업을 위한 자기계발에 들어가야 한다. 결국 전 생애에 걸쳐 성인의 지속적인 자기계발이 가능하도록 하는 평생학습 체제가 구축되어야 한다.

그러나 다양한 평생교육 진흥 정책이 있지만 평생학습 참여율은 선진국에 비해 아직도 낮은 수준이다. 우리나라의 성인 학습 실태 조사 결과 2012년 35.6퍼센트로, 경제협력개발기구OECD 국가 평균 40.4퍼센트보다 약 5퍼센트 낮아 조사 대상 27개국 중 19위에 머물렀다. 또 2016년 교육부 평생교육 예산은 교육부 전체 예산의 0.1퍼센트 정도에 불과했다. 2023년에는 고교 졸업자 수가 39만 명으로 현재보다 38퍼센트 감소할 것으로 예상되는데, 입학 자원의 감소는 대학의 평생학습 체제 개편을 심각하게 요구하고 있다. OECD는 대학 구조조정이 가시화되는 시점의 대학 발전 시나리오로 평생학습 개방형 대학을 제시했다.

필자는 인생은 '콩나물시루에 물을 주는 것' 과 같다고 생각한다. 콩나물에 물을 주듯 계속 일하고 새로운 것을 받아들여야 한다. 물이 금방 흘러내려 가는 것 같지만, 물이 내려가는 동안에 콩나물은 자란다. 물은 지식이다. 콩나물에 물을 주지 않으면 말라버리듯이 인생은 평생 지식을 배우는 과정이다.

끊임없이 전진하는 배움의 증인들

90대에 학사와 석사 학위를 따고 이제는 박사가 되기 위해 학구열을 불태우는 105세 대만 할아버지가 화제다. 중국 관영 〈차이나데일리〉 보도에 따르면 노익장의 주인공은 대만 국립칭화淸華대학 중문과 박사과정 청강생인 자우무허趙慕鶴 씨다. 1912년생인 자우 씨는 중국 산둥 출신으로 1939년 대만으로 이주해 가오슝高雄사범대학 직원으로 30년 가까이 근무하다 66세에 정년퇴직했다. 10년을 연금 생활자로 살던 그는 75세 때 해외 배낭여행에 나섰다. 친구들은 "고령에 재산도 별로 없고 영어라곤 'YES, NO' 밖에 모르는데 무슨 해외여행이냐"고 말렸지만 "나이, 돈, 외국어 핑계를 대면 3대가 지나도 못 갈 것"이라며 도전을 시작했다.

86세였던 1998년 자우 할아버지는 대학 입시생이 되었다. 손자와 대만의 한 대학에 함께 원서를 내고 공부를 시작한 것이다. 손자와 할아버지는 재수 끝에 나란히 대학생이 되었다. 자우 씨는 매일 자전거로 통학하며 졸업 때까지 단 하루도 결석하지 않았다. 4년 만에 회계학과 졸업 학점 128학점을 모두 따 91세에 학사모를 썼다. 다시 대만 난화南華대학 철학과에 진학해 2년 만에 졸업했다. 98세 때였다. 세계 최고령 석사 학위 취득자로 기네스

북에 등재되었다. 그리고 다시 박사의 꿈을 향해 가고 있다. E-MBA 과정도 수강중인 그의 좌우명은 '인생의 가장 큰 기쁨은 끊임없이 전진하는 것'이라고 한다. 평생학습의 산 증인이다.

우리나라에도 대만의 자우 씨에 못지않은 평생학습을 실천하는 분이 있다. 연세대학교 명예교수이며 대한민국 철학계 1세대 교육자인 98세 김형석 교수다. 그의 저서 《100년을 살아보니》에서 노교수는 환갑을 맞이한 후배 교수를 보며 철도 들기 전에 회갑부터 맞이한다고 우스갯소리를 한다. 대부분의 노인이 빈곤, 질병, 고독을 걱정할 때, 이 노교수는 60~75세가 인생의 황금기이며 후세의 평판을 신경 써야 할 때라고 말한다.

딴지를
걸어야
공부가 쉽다

　영화 〈사도〉는 1762년 영조가 둘째 아들 사도 세자를 뒤주에
가둬 8일 만에 죽게 만드는 비극을 다뤘다. 뒤주는 곡식을 담아
두는 나무 궤짝이다. 영화에서 이 뒤주는 영조의 권위를 상징한
다. 완벽함을 추구하는 아버지와 아들의 자유로운 영혼 사이에
뒤주가 놓여 있다.

　사도세자는 철학도 있고 재능도 있지만 숨 막히는 아버지의
권위 속에 이러지도 저러지도 못하고 결국 '부적응자'가 되어버
린다. 뒤주는 바로 그 부적응자가 들어가는 마지막 장소다.

　우리 사회도 마치 이런 '부적응자'를 위해 뒤주를 만들어놓고
적응하지 못하면 저 뒤주에 들어가게 된다고 협박을 하고 있는
것 같다. 강남 엄마들이 이 영화를 보여주면서 공부를 못하면

뒤주로 들어간다고 가르친다는 이야기를 들었다.

이런 가르침은 권위적인 체제에 순응하라고 하는 것과 같다. 그러나 영조나 강남 엄마들은 뒤주 외에 또 다른 세계가 있다는 것을 모른다.

이 땅에는 뒤주보다 더 넓은 세상이 존재한다. 자유롭게 날고 더 화려한 성공을 거두며 멋진 삶을 살아가고 있는 사람들이 많다. 명문대를 나오지 않아도 큰 기업에 취직하지 않아도 보다 나은 삶을 살아가고 얼마든지 행복을 누릴 수 있다. 명문대를 나와도 불행하고, 큰 기업에 취직해도 불행한 사람들이 있다. 영어를 잘하지 못해도 다른 분야에서 얼마든지 성공해서 살아갈 수 있다. 지금은 권위에 순응하지 않아도 되는, 뒤주에 안 들어가도 되는 세상이다.

의문을 제기하지 못하는 문제점

《서울대에서는 누가 A+를 받는가》이혜정 저에 기술된 여러 조사 결과들을 보고 그 중 가장 안타까웠던 점이 하나 있다. 바로 "교수님과 자신의 의견이 다를 때, 혹은 교수님보다 더 좋은 아이디어가 있을 때, 그것을 시험이나 과제에 쓰는가?"라는 질문에 대해 서울대의 최고 학점자들 46명 중 41명이나 '쓰지 않는다'고 응답했다.

더욱 안타까웠던 것은 그 이유다. 단순히 A+를 받기 위해서 쓰지 않는 것이 아니고, 학생들은 자신이 교수와 다른 생각이 있다면, 설령 자신의 생각이 더 옳은 것처럼 생각되더라도 뭔가가 틀렸을 거라 믿었다는 것이다. 아무도 틀렸다고 지적한 사람이 없었음에도 학생들은 자신의 생각이 교수와 '다르다'면 '틀리다'로 지레 판단했다고 한다. 교수자 권위에 도전하지 못하기 때문이다.

교과서의 권위 또한 창의성 교육을 저해하는 요소다. 이러한 교과서 권위 의존 문제가 심각했던 사례가 있다. 2014년 대학수학능력시험 세계지리 8번 문항이다. NAFTANorth American Free Trade Agreement와 EUEuropean Union의 경제규모에 대해서 비교하는 문제였다. 당시 정답 논란이 일었을 때 교육과정평가원에서는 "교과서에 다음과 같이 기술하고 있으므로 선택지 무엇이 정답이다"라고 발표했다. 실제는 정답이 없는 문제였다. 교과서가 잘못된 것이다. 당시 의사결정은 교과서에 분명히 A라고 쓰여 있기 때문에 A가 정답이라고 했다. 이와 관련해서 학생들이 소송을 냈다. 결국 16개월 후에 모두 정답 처리되었다. 교과서 권위에 대한 단면을 보여주는 일이다.

교과서에 있는 내용이 절대 진리라고 이야기할 수는 없다. 이것은 창의성과 사고력을 말살하는 교육이다. 사회는 변화하고 있다. 모든 분야에서 정해진 틀이 아니라 다양한 일들이 일어나면서 정신없이 변화한다. 과거에는 사회가 급변해도 교육만큼은 조금 늦게 변해도 대수롭지 않게 생각했다. 세상에서 가장 변하기 힘든 곳이 학교라는 이야기를 흔히들 했다.

다행스럽게도 교육부가 올해(2018년) 디지털 교과서를 본격적으로 도입하였다. 디지털 교과서는 기존 교과 내용을 담은 서책형 교과서에 용어 사전, 멀티미디어 자료 등 풍부한 학습 콘텐츠와 학습 지원 및 관리 기능이 추가된 새로운 개념의 교과서이다. 이로 인해 학교 수업이 한층 더 풍성해질 것이며 무엇보다 사회 변화를 실시간으로 교과서에 반영할 수 있을 것이다.

권위 의존 교육은 사라져야 한다

우리나라는 다양한 가치를 인정하는 교육환경이 아니다. 권위에 의존하는 교육이다. 이 권위는 크게 두 가지로 볼 수 있다. 하나는 교과서에 의존하는 교육이다. 그러나 학습은 기존에 쌓아온 지식체계를 바탕으로 나의 생각을 그 안에 계속해서 도전하고 부딪혀서 점검해보는 과정이다. 이런 과정을 거쳐야 학습이 의미 있게 만들어진다. 교과서만이 정답이 아니다. 교과서에 내 생각을 담아야 한다. 지식체계에 도전하는 것이 중요하다. 그래야 개인도 발전하고 사회도 발전해 나가는 것이다.

또 하나는 교수나 선생님, 즉 교수자의 권위에 너무 의존하는 교육이다. 교수자가 하는 이야기들이 절대적인 진리는 아니다. 우리는 나보다 먼저 배운 사람이 하는 이야기는 무조건 받아들이고 당연한 것으로 받아들이는 경향이 있다.

수업시간에 자기 생각을 검토하고 이야기를 나누는 것이 아니라 선생님이 이야기하는 것을 그대로 적는다. 내가 고민한 내용을 확인하고 그것을 서로 공유하는 교육 시스템은 완전히 파괴되고 있는 것이다. 학생들이 수업시간에 절대 질문을 안 하는 이유는 질문하는 것이 창피해서이기도 하지만 괜히 선생님 눈 밖에 날까봐 안 하는 경우도 많다. 참 안타까운 현실이다.

권위자를 그대로 믿는 폭스 박사 효과

1973년 미국의 심리학자 나프툴린Donald H. Naftulin은 재미있는 실험을 했다. 얼굴이 많이 알려지지 않은 한 배우를 권위 있는 박사인 것처럼 꾸며 전문 학회에서 발표를 하게 했다. 발표에 앞서 청중들에게 그 배우는 해당 학문 분야의 권위자 폭스 박사라고 소개되었다. 그러나 사실 그 배우는 발표 주제 분야에 대해서 전혀 문외한이었으며 발표 내용은 모두 사전에 엉터리로 제작된 대본이었다. 학회 참석자들은 일반 학생이 아닌 석박사 이상의 학력을 가진 전문가들이었다. 그런데도 실제 발표가 끝난 후 청중들은 강연에 대해서 매우 만족스러워했고 이구동성으로 정말 많이 배웠다고 응답했다.

이처럼 강연자가 권위 있는 위치에 있다고 믿는 경우, 그리고 권위 있게 보이게끔 외양적으로 카리스마 있고 유창하게 강연할 경우, 청중은 그 강연자가 하는 말을 의심하지 않고 진실일 것이라 믿으며 만족스러워하고 동조하게 되는데, 이러한 현상을 '폭스 박사 효과Dr. Fox Effect'라 한다.

폭스 박사 효과는 강의실에서도 흔히 일어난다. 권위 있는 교수님이 전달하는 강의 내용에 대해 학생들은 전혀 비판적으로 생각해 보지 않고 그냥 진실로 믿고 받아들인다. '다른 관점으로 생각할 수는 없을까?', '그것만이 정답이 아닐 수도 있을 텐데'와 같은 생각은 하지 않는다.

이젠 경쟁보다
협력과 개별화가
필수다

100만 팔로어를 거느렸던 호주의 SNS 스타인 열아홉 살 소녀가 "소셜 미디어 세계는 허상"이라고 고발하며 SNS의 어두운 면을 알리는 투사로 변신했다. 그는 두꺼운 화장과 비키니 사진을 올리며 남들이 눌러주는 '좋아요'에 목매는 삶에 "숨이 막혔다"고 털어놨다. 한 업체가 제공하는 드레스를 입고 사진을 올린 대가로 400달러를 받았다고도 했다. 그는 자기 계정에 올렸던 사진 수천 장을 모조리 삭제했다. 남에게 보여주기 위한 거짓 인생을 더 이상 살지 않겠다고 했다.

사람들은 대개 일상을 기록한다는 생각에서 SNS를 시작한다. 그러다 팔로어들이 '좋아요'로 반응해주면 점점 더 경쟁적으로 반응한다. 결국에는 SNS 경쟁에서 이기기 위해 수천 명과 친구를 맺고 하루에 몇 시간씩 SNS를 읽느라 일상이 망가지는 사람도 늘었다.

우리나라 교육 문제 중 하나는 경쟁 문화와 비교 문화다. 타인과의 경쟁과 비교는 새로운 도전을 저해하는 가장 중요한 방해 요인이다. 그것은 공부에 대한 즐거움과 새로운 것에 대해서 꿈을 꾸지 못하는 원인이 된다.

일본 학생과 미국 학생을 비교한 연구가 있다. 중학교 때 공부를 비슷하게 잘하는 학생을 선발해서 이 학생들이 나중에 어떻게 성장해 나가는지를 비교 연구했다. 연구 결과 동양 학생보다 서양 학생들이 자신 분야보다 월등한 결과를 성취했다. 원인은 동양 학생 경우는 경쟁 문화가 강하다보니 너무 위축된 학습을 했다. 반면에 서양 학생 경우, 자연스럽게 다른 영역을 탐색하고 지금보다 더 새로운 도전적인 학습경험을 추구했다. 이러한 학습 방법 차이가 결국은 큰 차이를 가져온 것이다.

개성을 추구한다

교육환경은 경쟁보다 협력과 개별화에 있으며 협력과 개별화를 두 축으로 변화시켜야 한다. 서울대 황농문 교수는 수학 문제가 안 풀리면 친구들과 경쟁하기보다 그 문제와 경쟁하라고 했다.

공부를 하는 목적은 경쟁이 아니다. 공부하는 내용을 완벽하게 나의 것으로 하는 것을 중요한 공부 목적으로 생각해야 한다. 그래야 나중에 실패를 하더라도 더 나은 결과를 지속적으로 지향하게 한다. 반면에 남과 비교해서 내가 앞서가려는 목표를 갖는 경우에는 조금만 실패를 경험해도 쉽게 좌절하고 능력을 키우지 못한다.

우리나라 교육환경은 '개성' 보다는 '잘함' 을 강조한다. 내가 어떤 적성이 있고 그 적성을 가지고 나만의 가치와 나만의 결과를 추구하는 것을 강조하는 문화가 아니다. 남보다 더 잘하는 것을 강조한다. 자기 세계를 추구하도록 자기 개성을 추구하다 보면 자기 결과물을 만들어낼 수 있다. 그 자기 결과물들이 새로운 변화에 연결될 때 창의적인 변화라고 한다.

창의적인 변화라고 하는 것은 서로 다름의 추구 속에서 만들어지는 것이다. 따라서 '잘함' 보다는 '개성' 을 추구할 수 있어야 한다. 타인과 경쟁보다는 개인이 자기 목소리, 자기 색깔을 찾아가도록 하는 교육환경이 중요하다.

경쟁하지 않음으로써 오히려 창조성을 키울 수 있다

사람들은 경쟁이 창조성을 키워준다고 착각하지만 정관 스님은 오히려 경쟁하지 않음으로써 진정한 창조성의 길이 열린다고 했다. '고기도, 생선도, 마늘과 파도 쓰지 못하는데 어떻게 맛을 내나' 하는 의문을 단번에 날려주는 정관 스님의 요리에는 상상을 초월하는 정성과 숭고함이 깃들어 있다.

스님에게 요리란 '경쟁의 장'이 아니라 깨달음의 섬세함을 비유적으로 나타내는 일종의 예술작품이다. '나는 반드시 인정받아야 한다'는 에고Ego의 집착을 버린 요리, 단지 맛으로 승부하는 것이 아니라 음식을 통해 타인의 아픈 마음을 치유하는 스님의 요리에는 비싼 재료도, 조미료도 들어가지 않는다. 다만 인간과 세상을 향한 무구한 사랑과 자비가 깃들어 있다.

경쟁은 성장 수단으로 사용해야 한다. 상대방을 이기는 수단으로 사용하면 부정을 서슴지 않게 된다. 비교는 부족함으로 판단해야 한다. 상대방에 대한 우월감만으로 판단하면 안 된다. 남과 경쟁하여 상대를 이기려고 하지 말고, 남과 비교하여 비관하거나 좌절하지 말고, 어제의 나와 경쟁하고 과거의 나와 비교해야 한다. 어니스트 헤밍웨이Ernest Hemingway는 말했다.

"내가 남들보다 우수하다고 해서 고귀한 것은 아니다. 과거의 자신보다 우수한 것이야말로 진정 고귀한 것이다."

경쟁은 있어야 하지만 쓸데없는 경쟁은 시키지 말아야 한다.

여기서 잠깐!

경쟁문화와 '카페인' 우울증에서 빠져나와라

대한민국은 오디션 열풍에 빠져 있다. 오디션 프로그램 중 하나인 〈슈퍼스타K〉의 전성기 때는 100만 명이 넘는 지원자(예선 포함)가 몰리기도 했다. 많은 이들이 오디션에 몰두한 이유는 두 가지다.

첫째는 연예인에 대한 사회적 인식이 바뀌며 유명세를 타고 싶은 이들이 많아진 것, 둘째는 공정한 경쟁이었다. 끼와 재능만 갖췄다면 심사위원의 전문적 평가와 시청자들의 문자 투표를 통해 스타로 도약할 수 있다는 핑크빛 전망이 오디션 프로그램의 동력이 된 셈이다. 한 가요계 관계자는 "대중은 싫증을 빨리 느끼는 편인데 반해 오디션 프로그램은 다양한 방식으로 변주되며 꽤 오랜 기간 생명력을 유지해왔다"며 "생존 경쟁을 기반으로 한 오디션 형식은 여전히 대중의 관심을 끄는 아이템인 만큼 또 다른 모습으로 변화하며 예능의 단골 아이템으로 사용될 것"이라고 내다봤다.

지금은 경쟁 사회다. 경쟁하지 않으면 게을러질 수 있다. 비교하지 않으면 또한 나태해질 수 있다. 경쟁과 비교는 성장을 위해 필요충분조건에 들기도 한다. 그러나 경쟁과 비교를 어떻게 활용하느냐에 따라서 전혀 다른 결과를 초래할 수 있다.

그중 하나가 '카페인 우울증' 이다. 소셜미디어 이름인 카카오스토리, 페이스북, 인스타그램의 앞 글자를 딴 '카 · 페 · 인' 으로 인한 우울증이다. 습관처럼 소셜미디어를 보면서 타인의 일상을 부러워하며 본인은 불행하다고 느끼고 우울함을 겪는 것을 뜻한다. 나 외의 사람들은 다 좋은 일만 있는 것처럼 보이고, 그러다 보니 글을 올리려는 자신도 잘 살고 있다는 것을 보여줘야 할 것 같은 경쟁심이 생긴다. 남들이 좋아할 만한 장소에서 '인증사진' 을 남기고, 맛집을 찾아가며 사진을 열심히 찍어 올린다. 행복한 척, 풍요로운 척 글과 사진을 남기며 자신도 모르게 행복을 경쟁하는 것이다. 경쟁과 비교우월주의 습성이 SNS에서도 나타나고 있다.

사교육에서
탈출하자

우리나라 고등학생 10명 중 1명은 초등학교 때부터 고교에서 배우는 영어·수학 선행학습을 시작했다는 조사 결과가 있다. 한국교육개발원이 전국 199개 초·중·고 학생 1만 351명을 대상으로 '선행학습 실태'를 조사한 결과 초등학생의 53.3퍼센트가 영어, 60.3퍼센트가 수학 과목 선행학습을 했다.

영어는 22.8퍼센트가, 수학은 13.0퍼센트가 초등학교 4학년 혹은 그 전에 선행학습을 시작한 것으로 나타났다. 고등학생보다는 중학생이, 중학생보다는 초등학생이 선행학습 참여 비율이 높은 것으로 나타났다.

왜 선행학습을 하는 걸까? 학교 수업시간에는 기본적인 내용만 배우다 보니 시험에서 어려운 문제가 출제되면 답을 못 맞힌다. 학교 교육의 진도가 너무 빠른 탓도 있다. 한편으로는 이미 아이들이 학원에서 배우고 왔다는 것을 전제로 수업을 한다. 사설 학원에서 선행학습을 하고 온 학생들 눈높이에 맞춰 학교수업이 진행된다. 이런 공교육 상황에서 선행학습을 하지 않고는 학교 수업을 따라가기가 힘든 것이다.

학부모들 사이에선 '학원은 교육기관, 학교는 평가기관' 이라는 말이 있다. 공부는 학원에서 하고, 학교는 내신 성적을 매긴다. 교사는 시험문제 내는 사람으로 생각하는 학생도 있다고 한다. 정부가 사교육 억제 정책을 펴고 있지만 실효성은 없어 보인다. 사교육에 내준 공간을 공교육이 되찾아 와야 한다.

공주 한일고의 경우 전교생이 기숙사에 거주한다. 새벽 6시부터 자정까지 학교 일과가 빽빽하다. 학원 다닐 짬이 없다. 주말엔 오후까지 특강이 이어지고 친구, 선배가 멘토를 자처하여 가르침을 주고받는 문화가 사교육 없는 교육 현장을 일궈낸 공교육 성공 모델로 알려져 있다. 학교와 교사가 학원보다 더 열심히 하고 잘 가르쳐야 사교육과 전쟁에서 이길 수 있다.

'티처 보이' 는 행복하지 않다

'티처 보이Teacher boy' 라는 말이 있다. 선행학습과 족집게 과외 등에 길들여진 의존형 학생을 말한다. 학원이나 과외에 의존하여 혼자서 공부하는 능력을 상실한 학생이다. 사교육 열풍의 교육현실을 반영하는 신조어다.

누군가가 가르쳐주는 것을 수동적으로 받아들이는 학습이다. 스스로 학습에 주인이 되어야 하는데 혼자서 공부를 하는 학생을 보기가 드물다. 자신이 평생 짊어지고 가야 할 지식인데 프로그램에 맞추어 주입받고 있다. 그들은 과연 행복한 것인가, 불행한 것인가?

이제 막 젖을 뗀 아기에게 삼겹살이나 생선회를 강제로 먹이는 부모는 없다. 음식을 씹고 뜯고 맛보고 즐기려면 스스로 씹는 능력과 소화력을 키워야 한다. 감당하는 만큼 먹어야 건강해지는 것이다.

공부도 그렇다. 공부의 기초 체력을 기르려면 천천히 가더라도 읽고 쓰고 생각하는 능력을 제대로 길러야 한다. 부모의 불안감에서 시작되는 과도한 선행학습이 문제다. 자신 힘으로 하나씩 하나씩 앎의 즐거움을 깨달을 때 아이는 스스로 공부를 하게 된다.

●

이 시대의 캡틴 찾기

"오! 캡틴, 마이 캡틴. 이 말이 누구의 시에 나오는지 아는 사람? 아무도 없나? 전혀 모르겠나? 이것은 에이브러햄 링컨을 찬양한 월트 휘트먼의 시다. 이 수업에서는 나를 키팅 선생님이라고 불러도 좋고, 아니면 대담하게 '캡틴, 마이 캡틴' 이라고 불러도 좋다."

존 키팅 선생은 서서히 학생들의 '캡틴' 이 되어간다. 그전까지 학생들은 자기가 진정으로 원하는 것이 무엇인지 잘 모르는 채 부모가 원하는 대로만 살아왔다. 그런데 키팅 선생을 만난 후 모든 것이 달라진다. 이제야 비로소 자기 자신을 바라보고, 자기 내면의 목소리에 귀 기울이기 시작한 것이다.

1989년 피터 위어 감독이 연출한 영화 〈죽은 시인의 사회〉에 대한 이야기다. 1950년대 영국의 보수적인 남자사립학교 웰튼을 배경으로 한다. 영화에서 키팅 선생은 입시 위주의 교육제도로 인해 자유를 말살당한 학생들에게 진정한 삶의 가치를 일깨워 준다. 참교육이란 무엇인지에 대해 시대와 공간을 초월한 해답을 주는 작품이다.

입시 위주의 교육을 하는 한국 사회의 교육제도 역시 웰튼이 보여주는 모순적인 상황에서 크게 벗어나지 않는다. 어쩌면 키팅 선생의 존재는 한국 교육에 절실히 요구되는 멘토상일지도 모른다.

공부 제대로
배워야하는
이유는?

2015년 OECD 조사에서 전공·일자리 미스매치Mismatch 비율이 가장 낮은 두 나라는 핀란드(22.8퍼센트)와 독일(26.4퍼센트)이었다. 두 나라는 비교적 어릴 때 진로를 선택한다. 직업교육 시스템이 매우 잘 갖춰져 있기 때문이다. 그래서 사회 전체적으로 인재의 가동률을 높일 수 있으며 전공과 일자리가 잘 매치되고 있다.

반면에 우리나라는 미스매치 비율이 가장 높은 국가 그룹에 속해 있다. 우리나라의 전공·일자리 미스매치 현상을 개선하기 위해서는 이 두 나라의 사례를 벤치마킹해야 한다고 전문가들은 입을 모은다.

핀란드는 누구나 대학에 가려는 대학교육 이수율이 40퍼센트(25~34세 기준)이다. 우리나라 대학교육 이수율은 68퍼센트이다. OECD 국가 중 단연 1위다. 높은 교육열과 학벌 중시 풍토가 고학력자를 양산해내고 있다. 이러다 보니 양질의 일자리 부족으로 청년실업은 심각한 상황으로 치닫고 있다.

고용노동부가 앞으로 10여 년 동안 4년제 대학과 전문대 졸업자 79만여 명이 일자리를 구하지 못할 것이라는 우울한 전망을 내놓았다. 특히 인문·사회·사범계열은 인력이 과잉 공급되어 일자리가 부족하지만 공학·의학 계열은 인력이 부족한 '일자리 미스매치'가 심화될 것이라고 한다.

대학교육의 비효율성은 개선되어야 한다

대학생과 기업 간 미스매치도 심각하다. 한국고용정보원 조사에 따르면 대학생들은 '스펙 쌓기'에 몰입하고 있지만 정작 기업 인사 담당자들은 '스펙' 보다 '인성'을 더 중요하게 생각한다.

대학생 600명과 기업 인사 담당자 100명에게 물었다.

"외국어 능력, 대인관계, 직업윤리 등 20개의 구직역량 중에서 취업과 직장 적응에 가장 필요한 것이 무엇인가?"

조사결과 대학생들은 '외국어 능력'이라고 대답한 반면 기업 인사 담당자들은 '직업윤리'라고 답했다. 그 밖의 질문 항목에 대해서도 서로 상반된 대답을 하고 있었다.

LG경제연구원은 현재 청년 실업사태가 20년 전 일본과 유사하다고 지적했다. 일본은 1990년대 초반만 하더라도 청년 실업률이 4퍼센트대에 그쳤다. 그러나 자산 버블이 붕괴되면서 디플레이션 길을 걸었다. 이에 기업들이 신규 투자를 꺼리면서 일자리가 턱없이 부족해졌다. 그러다 보니 청년 실업률은 2003년 10.1퍼센트로 크게 뛰었다. 대졸자가 넘쳐나는데도 질 좋은 일자리는 줄어들자 임시 직업인 아르바이트에 청년들이 몰렸다.

프리랜서 아르바이트 인 프리터영어 '자유로움'의 Free+독일어 '노동자'의 arbeiter의 합성어인 freeter, 니트NEETNOT in Education, Employment or Training 같은 신조어들이 등장한 것도 이 때다.

갈수록 사회 변화 속도는 빨라지고 있다. 학교 교육이 기업이 요구하는 직무능력을 따라가지 못하면 전공과 일자리 미스매치는 커질 수밖에 없다. 전문가들은 전공을 구분하지 않고 기업이 요구하는 직무 능력을 길러야 한다고 지적한다. 평생학습 개념으로 온라인 공개수업 무크MOOC, Massive Open Online Course 등을 활용해 기업이 요구하는 직무능력을 시대에 맞게 습득하는 방법도 하나의 대안이다. 이제 학위 중심에서 역량 중심으로 변화되고 있음을 감지해야 한다. 기업규제 완화를 통해 미래직업을 발굴하는 활동도 인력 미스매치의 해법이 될 수 있다.

'융·복합 시대에 전공과 일자리가 꼭 일치해야 하는 건 아니다'란 지적도 있다. 그러나 우리 사회는 전공과 무관한 직업을 갖는 청년이 유독 많다. 그래서 대학 교육이 비효율적이란 비판이 제기된다.

인생경로가 전공과 무관하게 틀어지는 경우가 많은 것은 경직된 교육 시스템이 주요인이라고 전문가들은 지적한다. 수능 점수에 맞춰 원치 않는 학과를 선택하는 일이 많다. 대학 시절에는 취업 걱정에 부전공·이중 전공에 매달린다. 졸업 후에는 전공과 무관하더라도 일단 취직하고 보자는 식의 '악순환 고리'가 우리 교육 시스템에 내재되어 있다는 것이다. 대학이 산업 흐름에 맞춰 신축적으로 인재를 키워낼 수 있도록 정부의 적극적인 제도 개선과 지원이 필요하다.

가둬두는
공부는
그만하자

미국 뉴욕에 유대인 명문 종합대학인 예시바대학교가 있다. 이 학교 도서관은 시장처럼 시끄럽다. 학생들이 책을 펴놓고 떠들고 있다. 공부가 아니라 논쟁을 하는 것처럼 보인다. 두 사람이 짝을 이루어 배우는 '하브루타'를 하기 때문이다.

하브루타는 둘씩 짝을 지어 치열하게 논쟁하면서 공부하는 것을 말한다. 히브리어로 '친구'를 뜻하는 '하베르'에서 온 말이다. 공부하는 짝을 의미하기도 하고 친구와 함께 공부하는 것을 뜻하기도 한다. 전통적으로 하브루타는 탈무드에서 '공부하는 파트너를 가지는 것'을 의미한다. 그렇게 하면 혼자서 공부하는 것보다 더 잘 배울 수 있다. 유대인 학생들이 성공할 수 있었던 이유는 서로를 통해서 배울 수 있었기 때문이다. 단순하게 표현하면 함께 이야기를 나누는 것이다. 이야기를 진지하게 주고받으면 질문과 대답이 되고 대화가 된다. 거기서 더 들어가면 토론이 되고 더욱 깊어지고 전문화되면 논쟁이 된다.

하브루타는 하나의 정답을 찾는 공부이기보다는 다양한 해답을 찾는 공부이다. 우리 공부법은 정해진 답을 찾는 구조이지만, 하브루타는 학생들 각자 해답이 다를 수 있다. 근거나 논리가 확실하다면 답이 될 수 있다.

21세기는 '하나의 정답'이 아닌 '다양한 해답의 시대'이다. 하브루타는 남에 의해 억지로 공부하는 외적 동기가 아닌 내적 동기의 공부다. 그 출발이 호기심 있는 질문에서 시작하기 때문이다. 친구들과 함께 공부하면 공부가 즐겁고 재미있다.

유대인은 전 세계 인구의 0.25퍼센트에 불과하지만 노벨과학상의 25퍼센트를 수상했다. 지금까지 노벨과학상 191개를 받았다. 아인슈타인, 스티븐 스필버그, 마크 저커버그 등이 유대인이다. 유대인들이 다양한 분야에서 두각을 나타낼 수 있는 이유는 하브루타 교육을 통해 모든 분야에 반드시 필요한 고등 사고력을 길러주기 때문이다. 고등 사고력은 단순한 사고를 넘어서 통찰력, 안목, 지혜, 비판적 사고력, 창의성 등을 포함한다. 하브루타 교육의 토론과 논쟁은 뇌를 계발하는 가장 효율적인 방법이며 고등 사고력을 기르는 최고 방법이다.

우리는 그동안 공부를 강의나 설명을 들으면서 받아 적는 것으로 해왔다. 혼자 책을 보면서 외우는 것으로 생각했다. 시험을 보기 위한 것으로 여겼다. 그러나 하브루타는 듣는 공부가 아니라, 말하는 공부이고, 떠들면서 하는 공부다. 혼자 하는 공부가 아니고 더불어서 함께 하는 공부다. 시험을 위한 것이 아니라 삶을 위한 본질적 활동이다. 공부를 친구와 떠들면서 함께 한다는 것은 완전한 패러다임 전환을 요구한다. 우리 교육은 '밖에서 안으로'의 강의식, 전달식, 암기 위주의 교사 중심 수업이지만, 교육 본래 뜻은 '안에서 밖으로' 이끌어내는 것이다.

우리 교육 방법 이제는 바뀌어야 한다.

창의적인 인간을 육성하기 위해서는 틀에 박힌 정답 찾기에서 벗어나 토론식 교육 방법으로 혁신해야 할 시점이다. 핀란드

헬싱키대학에서 2002년 세계 185개 나라 국민들의 IQ 검사 결과를 발표했다. 1위는 홍콩으로 IQ 평균이 107이었고 2위는 우리나라로 106이었다. 홍콩은 나라가 아닌 도시이므로 국가를 기준으로 한다면 우리나라 국민이 세계 최고의 IQ를 가졌다고 할 수 있다. 유대인 나라인 이스라엘은 45위로 IQ 평균이 94였다. 한국보다 IQ 평균이 12나 낮다.

우리는 학생들에게 한결같이 "머리는 좋은데 노력을 하지 않는다"고 말하지만 전혀 그렇지 않다. 세계에서 학습시간이 가장 긴 나라는 우리나라다. OECD 평균 공부시간이 36시간이고 우리나라 평균은 49시간으로 OECD 국가 중 1위다. 한마디로 머리는 좋은데 공부 효율이 형편없는 것이다. 지능도 높고, 공부 시간과 양도 월등히 많고, 조기교육도 빨리 시작하고, 숫자든 문자든 일찍 가르치는데 우리는 유대인들에게 늘 뒤쳐진다.

조상의 공부법에서 배우는 지혜

도대체 어디서부터 잘못되었으며 그 차이는 무엇일까? 그 이유는 단 하나, 교육 방법에 있다. 우리의 교육은 듣고 외우고 시험 보고 잊어버리는 교육이지만, 유대인의 교육은 질문하고 토론하는 교육이다.

생각해보면 우리 조상들도 소리 내어 읽고 토론하는 공부를 했다. 서로의 학문과 생각을 나누는 논쟁을 즐겼다. 정치도 논쟁으로 하고 논쟁에서 지면 물러나는 것이 당쟁의 기본 원리였다. 세종대왕은 대화와 토론을 통해 성과를 낸 군주다. 황희 정승 또한 많은 사람들과의 대화에 관한 예화가 많다. 다산 정약용이야말로 열린 마음으로 세상을 바라보고 파벌을 초월해 학문을 교류했다.

조선시대 기초교육기관인 서당에서 "하늘 천 따지 가마솥에 누룽지 박박 긁어서 엄마 한 술 나 한 술~"을 읊었던 것처럼 하늘 천天, 땅 지地, 검을 현玄, 누를 황黃이라는 글자를 귀에 들리는 대로 여럿이 익살스럽게 따라했다.

시대가 변하고 있다. 소통하지 못하는 인재는 더 이상 인재가 아니다. 가둬두는 지식으로는 할 수 있는 일이 거의 없다. 이 시대는 살아 숨 쉬며 세포 분열하는 지식을 요구한다.

공부유감

공부의
비결이란?

"필기할 시간에 차라리 생각을 하라!"

예일대 물리학과 샹커Ramamurti Shankar 교수가 강조하는 말이
다. 샹커 교수 강의실에는 그 흔한 슬라이드나 파워포인트 자료
도 없다. 강의노트조차 갖고 들어오지 않는다. 그는 '소크라테
스식 문답 교수법'을 활용한다.

이 교수법은 우선 학생들에게 질문을 던지는 것으로 시작된
다. 학생들 머릿속을 의도적으로 뒤죽박죽 혼란스럽게 만든다.
머릿속 선들이 엉켜버리면 학생들은 자연스레 이런저런 질문들
을 쏟아내게 마련이다. 그러면 교수는 그 질문들을 단서 삼아
학생들이 엉킨 선을 하나하나 풀도록 도와준다.

샹커 교수가 이러한 교수법을 택한 것은 학생들이 정답뿐만

아니라 시행착오와 오류도 접해봐야 한다고 믿기 때문이다. 그는 문제를 바라보는 학생들의 관점이 무엇인지, 그들이 어떤 궁금증을 가지고 있는지를 가장 중요시하는데, 소크라테스식 교수법은 이 같은 사항을 알아내는 데에 퍽 유용하다. 학생들에게 노트 필기도 권하지 않는다. 학생들에게 불필요한 부분까지 알려줘 과부하를 초래하지 않기 위해서다. 또한 그는 기억력이나 주변 정리, 시간 엄수, 깔끔한 필기 습관보다 이해력, 추론 능력, 통찰력을 더 중요시한다.

샹커 교수는 암기나 필기 대신 학생들이 각자 생각과 의문을 주저 없이 말하기를 원한다. 중요한 공식과 정보들을 칠판 가득 써놓아서 필요하면 언제든 칠판에 적힌 공식에 그때그때 상황을 대입만 하면 되기 때문에 학생들은 굳이 암기할 필요가 없다. 기본적인 공식들이 어떻게 성립되었는지, 어떠한 실험과 학설에서 온 것인지 배울 뿐이다.

예일대학교 학생이라면 모두 샹커 교수를 만나게 된다. '물리학 입문'은 예일대학교 필수 교양과목이기 때문이다. 샹커 교수는 학생들에게 물리학의 중요성을 일깨워줄 책임을 떠맡은 셈이다. 법조인이든 의사든, 어떤 분야에서 일을 하든 학생들이 상대성 이론과 양자 역학을 배워야 하는 이유가 '물리학 입문' 강의 계획서에 적혀 있다.

"학생들에게 질문에 대한 답을 알려주고 반복해서 암기시키는 것은 잘못된 방법이다. 우리가 배우고 가르쳐야 할 것은 '스스로 생각하는 법'이다. 이것이 바로 학생들과 토론하고 소통해야 하는 이유이며, 내가 가끔 수업시간에 일부러라도 실수를 하고 싶어 하는 이유다."

'정답에 대하여 생각하는 법'을 배우자

샹커 교수는 이렇게 말한다.

"물리학이라는 학문 자체는 변하지 않는다. 변하는 것은 오직 학생들의 질문뿐이다. 내가 수업을 하면서 특별히 기쁠 때가 바로 학생들이 내 실수를 알아차리고 지적할 때다. 가끔 내가 실수를 할 때 학생들이 지적하면 나는 실수를 알아차리고 옳은 답을 말한 그 학생을 칭찬해준다. 학생들이 내 수업에 깊숙이 참여하고 열심히 듣고 있었다는 생각에 더 자신감이 생기는 순간이기도 하다."

대다수 학생들은 교수 실수를 발견하고도 "교수님인데 설마…" 하며 오히려 자신이 틀린 게 아닐까 혼란스러워한다. 그러나 다시 깊이 생각해보고 교수 실수라고 판단되면 그때서야 손을 들고 질문한다. 수업을 열심히 듣고 있다는 증거다.

학생들 중에는 '열심히 공부하는 것'의 중요성을 전혀 인식하지 못하는 경우도 있다. 이것은 명석함의 문제가 아니다. 흥미와 노력 없이는 그 어떤 명석한 두뇌도 빛을 발할 수 없는 것이다. 샹커 교수 역시 물리학을 배울 수 있는 방법은 오직 하나, 학생 스스로가 문제를 풀어보고 이를 통해 흥미를 느끼는 것뿐이라고 조언한다. 제아무리 명석한 학생이라도 마치 윔블던 테니스 경기 관람하듯 그저 수업 시간에 앉아서 듣는 것만으로 만족한다면 아무것도 배울 수 없다는 것이다. 무언가 배우고 싶다면 결국 스스로 학습해야 한다.

더 이상 받아 적고 외우고 시험 보고 잊어버리는 교육에서 벗어나 학생들이 참여하고, 생각하고, 대화하고, 토론하는 교육으로 바뀌어야 한다. 학생 스스로 판단하고 행동할 수 있는 능력을 길러야 한다. 그것이 바로 생각하는 힘, 〈사고력〉이다.

사과를 다른 방향으로 잘라보자

우리가 즐겨 먹는 사과는 물리학에서 아주 중요한 의미와 인연을 지닌 과일이다. 아이작 뉴튼 경은 사과가 나무에서 떨어지는 것을 목격하고 만유인력을 생각해내는 전기를 마련했다.

우리도 사과를 가지고 간단하면서도 의미 있는 생각을 해볼 수 있다. 의식적이든 무의식적이든 우리는 사과를 세로로 잘라서 먹는 것에 매우 익숙하다. 그렇게 경험하며 익힌 행동이 익숙해서다. 문제는 너무 익숙해지면 다른 생각을 해 볼 수 있는 힘이 약해질 수 있다는 점이다.

반면 북유럽에서는 사과를 가로로 절단하는 경우가 많다. 사과의 절단면을 보면 우리가 전혀 생각하지 못한 문양이다. 같은 사과의 또 다른 모습이다. 사과의 새로운 모습을 접할 수 있는 것이다.

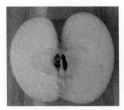 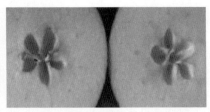

〈사과 세로 자르기〉   〈사과 가로 자르기〉

*그림 출처 : 구글 이미지

서울대에서
A+ 학점 받는
비결은?

대학입시 하면 인서울, 서연고, 서성한, 중경외시를 떠올리는 사람들이 많다. 대학 서열을 나타내는 은어로, 지방보단 서울에 있는 대학, 전문대학보단 일반대학에 진학해야 하고, 서울대를 선두로 서열화한 대학에 들어가야 성공한다는 의미다. 아직도 많은 수험생들은 대학 교육을 소질과 적성에 맞는 직업 선택 전 단계로 생각하기보다 세간에 알려진 유명대학에 진학하는 것으로 생각하고 있다. 학부모 또한 자녀가 평생 무슨 일을 하면서 행복하게 살아갈까에 대한 고민보다 자녀를 유명 대학에 입학시키는 데에 혈안이 되어 있다. 대학과 전공은 그저 성적에 맞춰 선택되는 것이 현실이다.

서울대에 입학한 학생들은 치열한 경쟁을 뚫고 들어왔다. 학업 능력 면에서도 어느 정도 검증되었다고 볼 수 있다. 공부에 도가 텄을 법도 하다. 그런데도 서울대 내에서도 성적이 우수한 학생과 그렇지 못한 학생들이 나뉜다.

이러한 성적 차이가 단순히 공부를 열심히 하는지의 여부에 달려 있을 것이라고 생각하지만 학생들 이야기를 들어보면 현실은 그렇지 않다고 한다. 많은 학생들이 좋은 성적을 간절히 원하는데 노력해도 잘 안 된다고 한다. 도대체 대학에서는 어떻게 공부를 해야 되는지도 모르겠다고 하소연한다.

그럼에도 유독 두드러지게 높은 성적을 받은 최우등생들도 분명 존재한다. 그들은 어떤 방식으로 공부해서 이런 차이가 생겨나는 것일까? 최우등생들 공부법을 알아내면 성적을 잘 받기를 원하는 보통 학생들에게 큰 도움이 될 것 같아 이를 연구해서 발표한 학자가 있다. '교육과혁신연구소' 이혜정 소장이다.

교수 숨소리까지 받아 적는다

이혜정 소장은 서울대 최우등생들을 대상으로 2009년도부터 2012년까지 프로젝트를 진행했다. 미시간대학교 학생들과 비교하는 연구까지 2014년에 마무리했다. 개별 학생들 인터뷰뿐만 아니라 한 학생당 짧게는 몇 시간씩, 길게는 며칠씩 집에 찾아가는 심층 연구를 진행했다. 이들에 대한 심층 분석 결과가 서울대 전체 학생들 특징인지 최우등생들만의 특징인지 구분하기 위하여 전체 학생들에게 설문조사도 실시하고, 이러한 결과들이 세계 공통적인 현상인지 한국, 특히 서울대의 독특한 현상인지 확인하기 위하여 미국 명문대 미시건대학교에서 비교연구를 실시했다.

서울대에서 A+를 받는 비법은 무엇이었을까? 의외로 간단했다. 교수 숨소리까지 받아 적겠다는 각오로 강의 내용을 필기한다는 것이다. 필기한 내용을 완벽하게 외워 시험 때 그대로 쓰는 것이다. 필기할 땐 요약도 하지 않는다. 교수 이야기를 완성된 문장 그대로 똑같이 적는다. 자신 생각은 최대한 배제하고 교수가 얘기한 말만 쓴다. 교수 이야기가 너무 빠르면 휴대폰을 이용해 녹음을 한다. 나중에 녹음을 참고하여 빠진 부분을 보충한다. 거의 강의 대본을 만드는 수준이다. 독창적인 생각은 아예 꿈도 꾸지 않는 게 한국 최고 우등생들 공부 비법이었던 것이다.

최우등생의 A+를 받는 비법 또 한 가지는 '의문을 갖지 말라'는 것. 교수와 다른 의견은 아무리 좋은 생각이라도 답안에 쓰지 않는다. 감점 요인이 될 수 있다는 것이다. 예전에 중·고등학생 대상의 학원 강사도 비슷한 얘기를 했다. 시험을 잘 보려면 "생각하면 안 된다"라고 했다. 자기 생각을 하면 정답을 맞힐 수 없다는 것이다.

교수들은 이런 방식의 한계를 누구보다 잘 안다. 그런데 왜 그대로 두는가? 교수 몇 명에게 물었다. 특이한 수업을 시도하면 수강신청 취소가 속출하다 폐강될 수도 있다고 한다. 학생들이 평가 공정성을 문제 삼기도 한다. 토론이나 발표도 꺼린다. 교수도 평가라는 압력을 똑같이 받으니, 결국 교수 좋고 학생 좋은 일방적 강의를 택하게 되더라고 했다.

수용적 학생은 높은 점수, 창의적 학생은 낮은 점수

교수 말을 고스란히 적는 필기, 과연 우리 대학 교육의 어떤 모습을 반영하고 있는 것일까? 사실은 이 연구 결과를 신입생 오리엔테이션 때 틀어주려고 동영상까지 제작했으나 차마 틀어

줄 수가 없었다. 그 이유는 학생들이 학점을 받는 비법이 매우 수용적이어야만 가능했고 비판적이고 창의적인 학생들일수록 학점 받기가 어려운 경향성이 너무나 뚜렷하게 나타났기 때문이었다.

수용적 사고력이란 상대방이 가르치는 내용을 아무런 의심이나 비판 없이 그대로 받아들여서 이해하고 암기해 시험에서 정확하게 기억해 내는 능력이다. 그에 반해 비판적 사고력이란 주어진 내용을 이렇게도 생각해 보고 저렇게도 생각해 보고 뒤집어서도 생각해보는 등, 상대방이 가르치는 내용을 자신만의 관점으로 다시 들여다보는 능력이다.

창의적 사고력은 주어진 내용에 대해서만 생각하기보다는 지금껏 존재하지 않았던 무엇을 새로이 생각해 내는 능력이다. 서울대 학생들 전체를 대상으로 조사해 보았더니 전체 1,111명의 응답자 중 대다수가 자신의 비판적 사고력과 창의적 사고력이 수용적 사고력에 비해 낮다고 응답했다. 서울대 학생들은 스스로를 '수용적 학습자' 로 여기고 있었다.

최근 여러 오디션 프로그램이 시청자들에게 많은 사랑을 받고 있다. 아직 다듬어지지 않은 지원자들이 전문가의 트레이닝을 거쳐 일취월장하는 과정을 지켜보는 기쁨과 재미 때문일 것이다. 훌륭한 스승이란 원석을 찬란한 보석으로 가꿀 줄 아는 세공사와도 같은 사람이다. 원석이 아무리 좋아도 훌륭한 세공사를 만나지 못하면 보석이 되지 못한다. 또한 엉뚱한 세공사를 만나게 되면 아까운 원석 자체가 망가져서 볼품없게 전락하고 만다.

과연 서울대는 수많은 원석을 뽑아 놓고 이들을 찬란한 보석으로 빚어내고 있는가? 오히려 보석을 망가뜨리고 있는 것은 아닌가? 비단 서울대에 국한된 문제는 아닐 것이다. 우리나라 대학에서 이 문제에서 자유로울 수 있는 학교가 있을까?

인재도
리콜시대다

도요타 자동차가 지난 2010년 리콜 사태로 큰 타격을 받은 적이 있다. 양적 성장만을 추구한 자동차 업체의 해외 생산 전략이 지닌 치명적 결함을 보여준 사례다.

양적 성장으로 인한 폐해는 기업만의 문제는 아니다. 우리나라 대학도 양적 성장만을 추구하다 보니 기업이 요구하는 맞춤형 인재를 배출하지 못하고 있다. 많은 기업들의 솔직한 심정이 '신입사원을 반품할 수 있다면 반품하고 싶다'는 것이다.

대학의 역사는 무척 오래되었지만, 현대의 대학은 추상적인 역사와 권위로만 설명할 수 없는 사회적인 존재 이유가 있다. 오늘날 대학에는 연구를 수행하는 기관으로서의 기능을 제외하면 크게 두 종류의 고객이 있다고 할 수 있다. 학생들과 고용주 기업 등 인력을 필요로 하는 곳가 그것이다.

첫 번째 고객인 학생들의 경우에는 대학에 들어가는 이유가 향후 취업을 포함한 인생의 경로를 자신이 원하는 방향으로 끌고 나가기 위해서이다. 두 번째 고객인 고용주는 대학에서 자신들이 원하는 인재들을 공급받기를 원한다.

그런데 우리 대학들이 고용주가 당장 활용할 수 있는 인재를 공급하지 못하고 있다. 그래서 신입사원을 채용한 후 상당기간 재교육을 하고 있다. 한국경영자총협회의 2016년 11월 조사 결과에 따르면 고용주들이 대졸 신입사원을 재교육하는 데 평균 20.3개월이 걸리고 비용은 1인당 6,000여 만 원이 드는 것으로 나타났다. 100인 이상 기업이 대졸 신입사원 재교육을 위해 부담하는 총비용은 2조3,000억 원에 달한다. 대학이 배출한 '전문인력'에 대한 기업의 만족도가 대단히 낮다는 사실이다.

당장 써먹을 수 없는 인재만 배출하고 있다

기업은 당장 일할 수 있는 인재를 원한다. 그러나 대학 졸업자들은 입사 후 평균 2년 가까이 배워야 실무를 할 수 있는 실정이다. A기업 인사과장은 "뽑고 싶은 인재와 뽑힌 인재 사이의 간극

이 워낙 커서 재교육을 하는 데 많은 비용을 들여야 한다"고 했다. OECD는 전공과 일자리 불일치 때문에 결국 생산성이 떨어지고 필요 없는 공부를 위해 지출하는 비용이 GDP의 1퍼센트약 15조 원를 넘었다고 분석했다.

대학 입학 전부터 적성이 아닌 수능 점수에 맞춘 진학도 문제다. 우리나라 수험생 중 약 20퍼센트는 소신껏 학교나 학과를 정하지만 나머지 80퍼센트 정도는 입시 점수에 맞춰 학교, 학과를 결정한다고 한다.

4년제 대학의 인문·사회 계열 재학생 수가 이공계 학생 수보다 14만 명이나 많아 구조조정이 필요하다. '문과생이 너무 많다'는 사고가 전제되어 있으며 그 근거는 '문과는 취업이 잘 안 된다'는 것으로 수렴된다. 그 문과생들을 토익 기계나 스펙 수집가로 만들어 면접장에 내보내는 자가 누구인가? 바로 대학이다. 정답은 주머니 속 스마트폰에 다 있는데 아직도 우리 교육은 정답만 가르치고 있다.

교수와 학생이 마주 앉아 토론할 수 있는 것이 대학의 독보적인 장점인데도 우리 대학은 토론 대신 취업설명회만 연다. 문과가 경쟁력이 없는 것이 아니라 대학 경쟁력이 낙제점이다. 그러니까 대학을 4년이나 다닌 신입 사원들을 기업에서 처음부터 다시 가르쳐야 하는 것이다.

세계의 대학들은 천리마처럼 달리는데 우리나라는 소걸음이다. 저 출산에 따른 '학생 절벽' 앞에서도 셀프 혁신만 하고 있다. 2016년 59만 명인 고교 입학생이 다음 해에는 52만 명, 그다음 해에는 46만 명으로 줄어든다. 현재 대입 정원이 53만 명인데 5년 뒤 46만 명 중 80퍼센트37만 명가 대학에 가더라도 80곳정원 2,000명 기준은 문을 닫아야 한다. 그런데도 대학들은 정신을 못 차린다. 교육부가 재정을 미끼로 구조조정을 압박하니까 억지로 시늉만 낸다. 지원 대상 19곳을 뽑는 '산업연계 교육활성화 선도대학(프라임) 사업'이 그 하이라이트다. 대학 한 곳에 연간 최대 300억 원 등 3년간 6,000억 원을 대주는 초대형 사업이다. 대학들이 군침을 흘릴 수밖에 없다.

대학이 살아나려면

대학생과 대학의 경영 여건이 달라지면서 대학 간의 경쟁은 이미 시작되었다. 어떤 이는 '벚꽃 피는 순서대로' 대학의 구조 조정이 시작되었다고 말한다. 실제로 지방의 4년제 대학이나 전문대학에서는 학생 유치에 이미 비상이 걸렸다. 진학할 학생이 없는 것이다. 취업이 되지 않는 4년제 대학보다는 취업이 잘되는 전문대학을 택하는 것은 이미 오래된 현상이다.

대학의 본업은 과연 무엇일까?

우선적으로 연구 활동을 통해 사회와 기업에 최상의 연구 결과를 제공하는 것이다. 또한 교육을 통해 사회와 기업이 필요로 하는 우수한 인재를 육성해 내는 일이다. 이것이 대학 사명이자 존립 목적이며 본업인 점을 알아야 한다.

1980년대 말까지만 해도 대학진학률은 30퍼센트 이하였다. 경제가 성장하면 전문지식이 필요한 일자리가 늘어나는 것은 사실이나 그렇다고 그 비율이 고교 졸업생의 70퍼센트를 넘을 정도로 높아질 수 없다. 최근 5년간 대학 졸업자 취업률이 50퍼센트를 겨우 넘기는 이유를 단지 경기침체 탓으로만 돌릴 수 없다. 현재 대학진학률이 그대로 유지되는 한 앞으로도 이런 상황이 개선되기는 어렵다.

높은 대학진학률이 초래하는 또 다른 문제가 있다. 학사학위

소지자가 필요한 일자리가 그에 비례해 늘어나지 않는다면 대졸 취업자의 상당수는 결국 과거에 고졸 취업자들이 하던 일을 할 수밖에 없다는 점이다. 고졸 학력만으로 충분한 일을 하려고 대학에 가야 할 이유는 없다.

우리 사회는 과학, 공학, 기술 분야에서 창조적인 인재가 더 많이 필요하다. 미국 매사추세츠공대MIT의 미디어랩을 만든 니컬러스 네그로폰테 교수는 "IT 분야에서 한국이 짧은 시간에 이룬 성과는 놀랍다"라고 말했다. 그러나 "한국의 교육열은 대단히 높지만 어릴 때 받는 일방적인 교육제도가 창의성을 죽이고 있다"라고도 했다.

서울대 공대 교수들은 함께 저술한 《축적의 시간》에서 한국 교육이 근본적으로 새로운 개념을 제시할 수 있는 창의적인 역량을 길러내지 못하고 있다고 지적했다.

그야말로 대학이 위기다. 학령인구는 줄어들고 졸업생 취업률은 곤두박질치고 있다. 재정 여건도 악화일로다. 대학 위기의 본질은 경쟁력 저하다. 글로벌화, 디지털 혁명, 저출산·고령화 등 급격한 사회 변화에 대응한 변화와 혁신 노력이 미흡했다.

대학 발전의 키워드는 구조개혁과 핵심역량 강화다. 그동안 고등교육 시장에서 부실대학 정리와 구조개혁의 당위성이 끊임없이 제기되었으나 이를 실천하기 위한 노력이나 구체적 성과는 아직 미흡한 실정이다. 합리적이고 균형 있는 정원 조정과 대학 간 공정한 경쟁의 원칙을 확립하여 기업이 원하는 인재를 공급할 수 있는 대학으로 거듭나야 한다.

'헬리콥터 맘'이
대학까지
날아들었다

자녀의 일, 특히 교육과 관련된 문제에 지나치게 관여하는 엄마를 '헬리콥터 맘'이라고 한다. 마치 헬리콥터처럼 자녀 주변을 빙빙 돌며 자녀를 과잉보호하기 때문에 생긴 말이다. 1990년 정신과 의사 포스터 W. 클라인Foster W. Cline과 자녀교육 전문가 짐 페이Jim Fay가 펴낸《사랑과 논리로 키우기: 아이들에게 책임감을 가르치는 법》이라는 책에서 비롯됐다. 자녀 주변을 끊임없이 맴돌면서 일일이 간섭하는 이른바 '헬리콥터 부모'가 대학까지 날아들었다. 과잉보호가 초·중·고를 넘어 대학까지 파고든 것이다.

이들은 자녀가 성인이 되어도 일일이 챙기며 통제하고 간섭한다. 초등학교 때는 학교에 수시로 연락하며 학교 일과 숙제는 물론 교우관계까지 챙기고, 중·고등학교 때는 학교성적과 입시문제, 대학에서는 수강신청과 학점 문제에도 관여한다. 대학 졸업 후에는 취업을 알아봐주고, 결혼상대자를 알아보는 일까지 적극적으로 나서기도 한다.

서울 한 명문대 A교수는 최근 수강신청 설명회에 참석한 학부모에게 질문 세례를 받았다. 이 수업이 자녀에게 어떤 도움이 되는지, 염두에 뒀던 수업과 설명회에서 추천한 수업을 비교해 달라는 식이었다. 반면 학부모 옆에 앉은 학생들은 조용히 입을 다물고 있었다. A교수는 "학생과 학부모가 뒤바뀐 것 같았다"며 "대학원 입시에서도 학부모들이 학생 대신에 정보를 묻고 면접에도 따라오는 경우가 많다"라고 했다.

더욱 가관인 것은 B교수 이야기다. 매년 3월이면 새 학기를 맞아 신입생 학부모를 만나는 자리를 마련한다고 한다. 학부모들은 "아이가 고3 때까지 열심히 공부하더니 대학에서는 공부를 하지 않는다"라거나 "학생이 공부하는지 학교가 신경 쓰지 않는다"라고 했다. B교수는 "자녀를 컨트롤할 수 있도록 출결 현황을 문자메시지를 통해 매번 알려달라는 어머니도 있었다"라며 "대학생은 성인이기 때문에 수업에 빠지거나 이로 인해 불이익을 받는 일은 스스로 선택하고 책임져야 한다고 했더니 학부모들이 이해할 수 없다는 표정을 지었다"라고 했다.

이런 문제는 자녀가 스스로 선택하는 능력이나 사고력을 키울 기회를 억누른다는 점이다. 배상훈 성균관대 교육학과 교수의 말이다.

"자녀를 지나치게 간섭하면 창의 인재에게 필요한 창의력, 비판적 사고력, 도전정신의 싹을 자르는 셈이 될 수 있다"

부모가 시키는 대로만 하는 청소년은 스트레스에 취약한 모습을 보이기도 한다. 교우 관계에 문제를 겪거나 스스로 선택해야 하는 일에 직면할 때 문제가 심각해진다. 전문가들은 학부모에게 여유를 가지라고 주문한다. 부모가 평생 모든 것을 책임질 수 없기 때문이다.

지나친 사랑이 자녀 인생을 망친다

대학을 넘어 취업할 때도 지원자 부모에게 시달리는 경우도 있다. C백화점 인사팀에 근무하는 이 모 씨는 최근 신입사원 지원자 부모의 항의 전화에 30분 넘게 시달렸다고 한다. 다짜고짜 "우리 애가 서류전형에서 왜 떨어졌는지 설명하라"고 윽박지른

중년 여성은 "명문대에서 의상디자인과 경영학을 복수 전공했고, 토익 950점에 학점도 3.92나 되는데 탈락이라니 말이 되느냐?"라고 몰아붙였다고 한다. 이모 씨는 "각 전형 발표 때마다 이런 부모님들의 전화에 인사팀 전체가 노이로제에 걸릴 지경"이라고 했다. 우리의 전통적인 가족주의가 오늘날 경쟁사회에서 삐뚤어진 사랑으로 변하고 있는 것 같아 안타깝다.

언젠가 모 라디오 방송에서 들었던 이야기다. 검사 면접에서 면접관이 이렇게 물어봤다고 한다.

"당신은 왜 검사가 되려고 하십니까?"

"엄마가 하라고 해서 지원했습니다."

황당해서 그 지원자 서류를 확인해보니 성적부터 모든 것이 A급이었다고 한다. 이 사람은 사회적으로 누군가가 부러워하는 직함을 얻었을지 몰라도 스스로 책임감이나 인내심 등 기본적으로 갖추어야 할 인격을 지녔는지는 의심스럽다.

자녀를 사랑하는 것과 개입하는 것은 다르다. 교육은 하나의 올바른 인간을 만들어내는 것이다. 시련과 좌절은 인간을 성숙하게 만든다. 지나친 방관도 안 되지만 적절한 방관은 자녀에게 유익할 수 있다.

전문가들은 "아이가 내면까지 성숙할 수 있도록 하려면 부모가 빗자루 같은 역할을 해야 한다"라고 입을 모은다. '빗자루맘'은 평소에는 들지 않지만 청소가 필요할 때 긴요한 빗자루처럼 아이가 극복할 수 없는 큰 장애물에 맞닥뜨렸을 때만 살짝 빗자루로 청소하듯 거들어주는 것이다. 부모가 판단해 아이를 필요한 곳에 헬리콥터처럼 이동시키는 '헬리콥터 맘'이나 호랑이처럼 이끌어 시험 성적을 높이는 '타이거 맘'이 되어서는 안 된다.

아하! 그렇구나　●

아이들에게 4등을 허하라

올림픽에서 가장 슬픈 선수는 메달 없는 4등이다. 우리 사회도 4등이라는 등수가 주는 의미는 그리 긍정적이지 않다. 영화 〈4등〉에서 준호 엄마는 번번이 4등을 하는 초등학생 아들에게 "너 이렇게 꾸리꾸리하게 살래? 인생을!"이라고 닦달한다. 엄마의 끝없는 욕심이 아이의 영혼을 어떻게 불안과 공포로 잠식하는지 보여준다.

"각박한 세상에서 살아남기 위해선 무조건 1등을 해야만 해!"라고 자식을 향한 욕심을 합리화하지만, '1등=행복'이라는 공식이 반드시 성립하는 건 아니다. 이들에게 필요한 것은 입시 정보가 아닌 아이의 꿈과 행복에 대한 관심이지만, 어떤 엄마는 아이를 하나의 인격체가 아닌 자신의 아바타로 생각하고 본인이 만들어놓은 욕망의 틀에 끼워 맞춘다.

EBS에서 방영한 〈마더 쇼크〉라는 다큐멘터리 프로그램에는 한국과 미국의 엄마를 비교하는 실험이 나온다. 실험실에서 어린아이에게 뒤죽박죽된 낱글자를 조합해 단어를 완성하도록 하고, 엄마는 옆에서 지켜보게 한다. 한국 엄마들은 아이가 문제를 제대로 풀지 못하자 옆에서 단어를 말해주거나 순서를 어떻게 바꾸라고 알려주는 등 수시로 개입한다.

반면 미국 엄마들은 아이가 엉뚱한 단어를 만들어도 그저 지켜볼 뿐 끝까지 문제 풀이를 도와주지 않는다. 실험이 끝난 뒤 인터뷰에서 한국 엄마들은 "내가 가르쳐주고 빨리 하게 해주고 싶었다"라고 말한다. 미국 엄마들은 "늘 아이가 스스로 하도록 둔다. 매번 방법을 알려주면 혼자 하는 방법을 알 수 없다"라고 말했다.

유치원 때는
질문도 많이
했는데……

나홍진 감독의 영화 〈곡성〉은 한 마을에 외지인이 나타난 후 의문의 연쇄살인이 벌어지는 이야기다. 영화가 끝나고 관객들은 다들 한마디씩 한다.

"이건 뭐지?"

"감독은 도대체 뭘 말하려는 거야?"

이 영화의 놀라운 점은 관객의 해석이 각자 다를 수 있다는 점이다. 인터넷 포털 사이트에 1만 건 넘는 질문이 올라왔을 정도다. 질문은 호기심에서 비롯되고 문제에서 시작된다. 진정한 배움은 왕성한 호기심을 바탕으로 끊임없는 질문을 통해서 새로운 사실을 발견하는 것이다. 교실에서 학생들이 배움에 재미를 느끼려면 교사의 지식을 전달받는 것이 아니라 자신이 몰랐던 것을 발견해야 한다. 이것을 가능하게 하는 것이 질문이다.

우리나라 학교에서 "저요! 저요!" 하고 손을 드는 학생들을 보면 질문을 잘하는 것으로 생각하기 쉽다. 그러나 "저요! 저요!"는 두 가지의 경우가 있다. 하나는 선생님 질문에 답변하기 위해 손을 드는 것이다. 이것은 '사지선다형 문제'와 크게 다르지 않다. 종이에 글로 표현되어 있는 문제풀이를 말로 하는 것뿐이다.

다른 하나는 선생님에게 질문하기 위해서, 호기심이 생겨서, 잘 몰라서 손을 드는 경우다. 이런 질문이 바람직한 질문이다. 학생들의 내적 동기에 의한 호기심과 학습을 전제로 하는 질문이라 의미가 있다.

말 잘 들어라 vs 질문 많이 해라

강의나 수업은 교수자와 학습자 사이에서 일어나는 상호작용이라고 볼 수 있다. 교수자의 일반적인 강의는 상호작용이 아니다. 상호작용의 대표적인 예는 대화다. 대화는 묻고 대답하는 것이다. 우리 삶 자체가 묻고 대답하는 것이라고 볼 수 있다. 어떻게 살아갈 것인지 스스로 묻고 그 대답을 몸소 실천하는 것이 삶이다.

대화는 질문에서 시작한다. 누군가 묻지 않으면 아무리 훌륭한 답변을 준비해도 의미가 없다. 우리는 상대방을 판단할 때 상대방의 대답보다 그가 하는 질문을 듣고 놀랄 때가 많다. 질문은 그 사람의 수준을 정확하게 보여주기 때문이다.

'사과는 땅으로 떨어지는데 왜 달은 하늘에 그대로 있을까?'

뉴턴으로 하여금 만유인력 법칙을 발견하게 한 질문이다. 이처럼 질문은 세상의 기준을 바꿀 만큼 중요하다. 스스로 질문하는 공부가 자기 주도 학습을 가능하게 한다. 자기 주도 학습이 가능하려면 어려서부터 질문을 습관화하는 것이 중요하다.

"오늘 선생님 말씀 잘 들었니?"

이것은 학교에서 돌아온 자녀에게 한국의 부모들이 가장 많이 하는 물음이다. 우리에게 공부는 선생님 말을 잘 듣고 이해하는 것이다. 선생님의 말씀을 계속 들으면서 받아 적고 그대로 외운다. 그러나 유대인 부모들은 학교에 다녀온 자녀에게 다른 것을 묻는다.

"오늘 선생님에게 무슨 질문을 했니?"

우리 부모들은 학교에 자녀를 보내거나 학원이나 그 어디에 보낼 때 어김없이 "선생님 말씀 잘 들어라"라고 한다. 그러나 유대인은 자녀를 학교에 보낼 때 "선생님께 질문 많이 해라"라고 한다. 질문을 하면 자연스럽게 생각하는 습관이 몸에 배기 때문이다.

질문하지 않는 한국 기자들

몇 년 전 우리나라에서 개최된 G20 폐막식에서 오바마 미국 대통령이 기자 간담회를 가졌다. 이 자리에서 특별히 오바마 대통령은 개최국인 한국 기자들에게 질문 기회를 주고자 했다. 그런데 우리나라 기자 중에서 단 한 명도 질문을 하지 못했다. 왜 이런 해프닝이 벌어졌을까?

우리나라 기자들은 서로 눈치만 볼 뿐 아무도 손을 들지 않았다. 이 침묵이 한국 기자들의 짧은 영어 실력 때문일 것이라고 생각했는지 오바마는 "한국어로 질문하면 통역이 준비되어 있다"라고까지 했다.

이 황당한 침묵을 깨고 나선 기자는 한국 기자가 아니라 중국 기자였다. 그러나 오바마는 여전히 한국 기자에게 질문권을 주고 싶다며 중국 기자를 제지했다. 그러자 중국 기자는 다시 "한국 기자들에게 제가 대신 질문해도 되는지 물어보면 어떨까요?"라며 집요하게 물고 늘어졌다.

오바마 대통령은 몇 번씩이나 기자석을 바라보며 한국 기자들에게 "No takers? 질문할 사람 없습니까?"라고 물었다. 한국 기자들은 아무도 손을 들지 않았다.

이 장면은 EBS 다큐프라임〈왜 우리는 대학을 가는가〉 5부 '말문을 터라' 편에 방영되면서 더욱 화제가 되었다. 방송 내용 중에서 가장 가슴 아픈 장면은 점차 질문이 사라지는 교실 장면이다. 사라지는 질문과 함께 표정도 어두워지고 초롱초롱한 눈빛도 찾아볼 수가 없다.

과연 우리나라 사람들은 원래 질문을 못 하는 사람으로 태어났을까? 대부분 유아 시기에는 질문을 입에 달고 산다. 때로는 부모가 귀찮아서 그만하라고 할 정도로 질문이 많다. 그런데 어느 순간부터 이런 호기심 가득한 질문이 사라져 버린다.

세상 모든 것을 100퍼센트 아는 사람은 한 명도 없다. 나중에 실수하지 않기 위해 질문하는 것이다. 그런데 우리 사회는 질문하는 사람을 바보로 만든다. 질문하여 알려는 사람에게 "그것도 모르냐?"라며 무시한다. 아이들이 질문할 때 어른들은 "토를 달지 마라", "시끄럽다"라며 꾸지람하기 일쑤다. 아이들은 알고 싶어서 물은 것인데 일방적으로 혼이 난다. 질문이 사라지는 것은 당연한 결과다.

⟨장학퀴즈⟩와
⟨도전 골든벨⟩,
달라야 한다

자말은 학벌도 없는 인도의 가난한 동네 출신의 보잘 것 없는 10대 소년이다. 그런 그가 최고 인기 프로그램인⟨누가 백만장자가 되고 싶은가⟩에 나가, 교수도 의사도 다 풀어내지 못한 모든 문제의 답을 맞혔다는 것은 놀라운 일이다. 심지어 마지막 문제를 앞두고 MC가 화장실에서 오답을 알려주지만 그럼에도 자말은 정답을 맞힌다. 정규교육도 제대로 받지 못한 하층민인 자말에 대한 의심으로 자말은 경찰에게 끌려가 진실을 말하라며 고문을 받게 된다.

이때 자신이 어떻게 정답을 맞힐 수 있었는지 이야기하는 장면으로부터 영화는 시작된다. 결국 그의 파란만장했던 인생이 정답을 맞힐 수 있었던 비결이었음이 밝혀진다. 전 세계를 감동시킨 특별한 퀴즈쇼 영화 ⟨슬럼독 밀리어네어⟩ 이야기다.

우리나라에도 오래된 퀴즈 프로그램이 있다. 1973년 첫 방송을 탄, 고교생을 대상으로 하는〈장학퀴즈〉다. 지금까지 방송 횟수만 약 2,000회, 출연 학생 수는 1만6,000여 명에 달한다. 방송 프로그램에 단독 후원자가 등장한 건 장학퀴즈가 처음이었다. 고故 최종현 SK 선대 회장은 '인재가 가장 소중한 자원'이라는 장기적 안목과 기업이윤의 사회적 환원 정신에 입각해 뚝심 있게 후원을 진행했다. 당시에는 지식의 시대를 대변할 수 있는 최고의 프로그램이었다. 최근에는 '장학퀴즈-학교에 가다'로 포맷을 완전히 바꾸었지만 여전히 4차 산업혁명 시대를 대비할 청소년 교육으로는 역부족이다.

〈장학퀴즈〉는 학교를 대표해서 출전한 학생들이 부각되는 시스템이지만, 〈도전 골든벨〉이라는 청소년 퀴즈 프로그램은 참가한 모든 학생들에게 기회를 준다. 여러 분야의 문제들을 풀어서 최후의 문제까지 맞추는 사람이 영예의 골든벨을 울리는 프로그램이다. 학생들의 폭넓은 상식과 정보 능력을 평가한다는 찬사를 받기도 하면서 꽤 장수하는 프로그램으로 평가되고 있다. 얼마 전에는 골든벨을 울린 학생이 첫 번째 대학 입시에서 실패했다고 인터넷에서 뉴스감이 된 적이 있다. 대체로 골든벨을 울리는 학생들은 학력이 우수한 경우가 많고, 그런 인식이 그 학교의 학력을 은근히 과시하기도 한다. 학교마다 골든벨 참가 신청을 서두르고, 성공한 학교는 그 나름대로 상당한 자부심과 세칭 '명문교'라는 칭송을 받기도 한다.

단답형 정답만을 요구하는 퀴즈, 과연 올바른가?

〈장학퀴즈〉는 꽤 많은 장학금이 걸려 있어 한때 전국의 내로라하는 우등생들이 다투어 참여하고 우승자는 상당한 주목을 받기도 했다. 〈도전 골든벨〉이 차별점이 있다면 한 개인이 참가하는 게 아니라 학교 전체 학생들을 대상으로 한다는 점이다. 모든 학생들에게 균등한 기회를 주고, 공정한 경쟁을 통해 목표에 도달한다는 점은 우선 발전적이다.

각 학교를 대표하는 학생들이 나와서 암암리에 학교 간 경쟁을 유발하던 〈장학퀴즈〉에 비하면 교육적으로도 한층 개선된 모양새를 갖추고 있다. 또한 교사와 학생, 학생과 학생들이 함께 목표를 향해 일심동체가 되어 노력하고, 그 성과에 대해 함께 기뻐하고, 안타까워하는 공동체적 의식은 좋은 점이다.

문제는 〈도전 골든벨〉의 문제들이 대체로 〈단답식 답〉을 요구하고 있다는 점이다. 다양한 분야 상식과 정보에 대한 문제들은 학생들에게 편향되지 않은, 폭넓은 지식과 정보를 갖추기를 유도한다는 점에서 일단 모르는 것보다는 많이 알고 있다는 점은 좋다고 보인다. 그러나 이러한 단편적인 지식의 즉석 문답이 학생들에게 지식과 정보의 단순 암기와 백과사전식 지식 축적만을 유도하는 것이 걱정스러운 것이다.

세상은 변하고 있다. 지금은 지식의 시대가 아니다. 지식은 손가락 하나만 까딱하면 쏟아져 나온다. 이제는 비판적으로 사고하고 원만하게 소통하고 주변과 협업하여 창의적으로 기획하는 역량을 필요로 하는 시대다.

〈도전 골든벨〉을 보면서 우리 교육 문제와 한계를 지적하지 않을 수 없다. 많은 사람들이 우리 교육의 문제는 과정과 내용보다는 평가에 있다는 지적을 한다. 소위 영어사전을 통째로 외워서 한 장씩 뜯어먹었다는 과거 암기식 교육을 받은 학생들이 막상 외국인 앞에서는 벙어리가 되고 마는 편향된 영어학습의 극단적 예가 아니더라도, 모두 암기식 교육의 한계를 인정하고 있는 현실이다. 자전거의 구조는 달달 외워대면서도 막상 그 자전거를 타지 못하고 벗겨진 체인 하나 갈아 끼우지 못하는 학생, 재봉틀에 실 꿰는 순서는 잘 알면서도 막상 재봉틀을 돌릴 줄 모르는 교육이 그동안 우리 교육의 한계였다.

교육은 지식을 실천하고, 문제를 해결하며, 성취감과 적용력을 기르고, 대안과 창의적 발상을 이끌어낼 수 있어야 한다. 수십 년 동안 우리 교육은 학생들에게 정해진 답을 제시하고 그것을 암기하게 하여, 학생들이 모범적 답안을 재생시키는 성능 좋은 '녹음재생기'나 누르는 대로 답을 토해내는 '계산기' 수준에 머무르게 했다. 그러나 그러한 지식과 정보 저장과 재생 기능은 이제 질 높은 컴퓨터와 전자기기들로 대체되고 있다. 2차 산업혁명에나 어울리는 교육체계를 고수하고 있는 셈이다.

'답' 보다 '해결 과정'을 평가해야 한다

우리는 지금 4차 산업혁명을 향해 가고 있다. 4차 산업혁명은 창의역량, 융합역량, 협업역량 등의 핵심역량을 필요로 한다. 따라서 우리는 이를 대비한 필수역량을 점차 요구받고 있다.

2,3차 산업혁명의 잔재를 타개하기 위해서는 문제와 답보다는 그것을 해결하기 위한 과정에 힘을 두는 수행평가와 다원적 평가방안을 선택해야 한다. 그러나 우리 교육의 궁극적 평가라 할 수 있는 대입 수능이나 내신시험들은 여전히 답을 골라내는 선다형과 단답형 주관식 평가에 머물러 있다. 이를 근원적으로 해결하기 위해서는 학생 10명의 답이 모두 다를 수 있는 학생 중심의 개별평가가 이뤄져야 하며, 정해진 답과 그것에 도달하는 학생의 문제해결 과정을 검증하는 과정 중심의 수행평가가 중심이 되어야 한다. 그럼에도 현실적으로 이러한 평가들은 제대로 지켜지지 않고 있다.

교육과혁신연구소 이혜정 소장은 저서 《대한민국의 시험》에서 교육혁명의 시작은 '시험을 바꾸는 것'이라고 주장한다. 시험에서 어떤 능력을 측정하는지에 따라, 어떤 능력에 고득점을 부여하는지에 따라 학생들의 공부법, 교사들의 교수법, 국가적으로 양성되는 인재의 능력, 사교육 시장의 형태까지 달라지기 때문이다.

안타깝게도 우리 사회는 평가라는 툴Tool이 굳건하게 버티고 있어, 다양하고 창의적인 생각과 독특한 문제해결의 힘이 묻혀

버리고 있다. 지금도 많은 학교와 학생들이 〈장학퀴즈〉와 〈도전 골든벨〉에 도전한다. 풍문으로는 '골든벨 예상문제집'이라는 게 있어 그것을 집중적으로 반복하여 답을 외운다는 말도 있다. 청소년을 위한 교육적 프로그램으로서의 몫을 감당하고 있다면, 한 사람의 최종 우승자보다는 그에 도달하기 위해 학생들이 내놓는 다양하고 기발한 생각과 답변들을 아우르고, 때로는 친구들과 함께 힘을 모아 문제를 해결하기도 하는 형식이 되기를 기대해 본다.

미래에는
'국영수' 가 아니라
'국컴수' 다

옥스퍼드대학교 칼 베네딕트 프레이 교수와 마이클 오즈번 교수가 발표한 〈고용의 미래〉라는 보고서에서는 '자동화와 기술 발전으로 20년 이내 현재 직업의 47퍼센트가 사라질 가능성이 크다'는 우울한 전망을 내놓고 있다. 이제 인공지능을 장착한 컴퓨터 로봇은 화이트칼라 직종을 대체하고 있다.

이세돌을 이긴 알파고가 2년 동안 학습한 정보는 사람으로 따지면 1000년 동안 바둑을 둬야 도달할 수 있는 양이다. 컴퓨터는 이렇게 무섭게 학습하고 있는데 우리는 무엇을 공부하고 있는가? 암기하고, 주입하고, 더 빨리 푸는 방식만 학습하고 있다.

그렇다면 우리는 무엇을 해야 할까? 흔히들 컴퓨터가 흉내 내지 못하는 인간의 능력으로 '창의성'을 말한다. 그런데 이미 자동화된 창의성automated creativity 분야가 벌써 주목받고 있다. 기본 코드를 통해 음악을 작곡하거나 이야기 구조나 등장인물의 성격을 조합해 스토리를 만들고 새로운 아이디어를 자동으로 생성해준다.

코딩 열풍

　이러한 자동화된 창의성과 논리력을 기를 수 있는 분야가 코딩Coding이다. 영국, 이스라엘 등에선 이미 초중고 정규 수업에서 코딩을 가르치고 있다. 우리나라도 2018년부터 초·중등 교육과정에 의무적으로 코딩 교육을 넣는다고 한다.

　코딩은 컴퓨터 언어로 프로그램을 짜는 작업을 말한다. 이세돌 바둑기사와 대국을 벌인 인공지능 알파고를 비롯해 소프트웨어나 컴퓨터, 스마트폰, 자동차, 의료기기, 우주산업 등의 분야에 널리 쓰이는 기술이다. 애플이나 구글, 페이스북 같은 소프트웨어 기업이 크게 성공하면서 코딩은 '디지털 시대의 필수 언어'로까지 불리고 있다. 우리나라도 수년 전부터 이공계 출신들이 취업과 창업 시장에서 강세를 보이면서 코딩 교육의 붐이 일고 있다.

　취업 포털 '사람인'의 최근 조사에 따르면 조사 대상 기업 125

곳 중 78곳62.4퍼센트이 '이공계 지원자를 선호한다' 고 답했다. 사정이 이렇다 보니 인문사회 계열 대학생들도 코딩 배우기에 열을 올리고 있다. 대학들도 앞 다투어 코딩 강좌를 개설하고 있다. 고려대와 서강대, 성균관대, 국민대 등은 코딩을 필수 교양과목으로 지정해 전공과 상관없이 전교생이 수강하도록 했다. 서울대생이 만든 한 코딩 동아리는 지난해 전국 대학생을 대상으로 회원을 모집했는데 300명 정원에 3,800여 명의 지원자가 몰렸다고 한다.

심지어 코딩 사교육 붐도 일고 있다. 엑셀이나 워드 등 사무용 오피스 프로그램을 주로 가르치던 컴퓨터 학원들이 청소년용 코딩반을 개설하는 것이다. 한 컴퓨터 학원 관계자는 "작년부터 코딩 수업을 듣는 청소년이 늘기 시작해 지금은 수강생의 30퍼센트 정도가 초, 중학생" 이라며 "학부모들의 요청이 많아 코딩반을 추가로 개설할 계획" 이라고 했다.

서울 한 유치원은 아예 '코딩 전문 유치원' 이라는 간판을 내걸고 원생을 모집했다. 한 번에 30분씩 일주일에 네 번 코딩 수업을 한다는 이 유치원은 한 달 수업료가 140만 원이나 되지만 정원 30명이 꽉 찼다고 한다.

창의성 교육의 현실은

현존하는 직업 중 47퍼센트가 향후 20년 내에 사라질 것이라는 전망은 과장이 아니다. 기존 직업이 사라진다는 말은 일자리 자체가 없어진다는 말은 아니다. 산업혁명 때 기존 직업 중 80퍼센트가 없어졌지만 그 전에 없었던 직업이 몇 백 배 더 생겨났다. 마찬가지로 인공지능이 보편화되면 현존하는 직업이 사라지고 새로운 직업이 대체될 것이다.

산업혁명 시대에는 단순 반복 물리적인 일이 기계로 인해 획기적으로 줄었지만 고도의 지적 판단이 요구되는 전문직들은 각광을 받았다. 인공지능 시대에는 많은 정보와 지식을 기억하고 종합해 고도의 지적 판단을 하는 전문직 즉, 의사, 법조인, 회계사, 언론인 등이 직격탄을 맞을 확률이 높다.

우리는 사태 심각성을 깨달아야 한다. 교육 내용과 방법을 혁신적으로 바꾸어야 한다. 아무리 암기를 잘한다 해도 컴퓨터보다 잘하기 어렵다. 아무리 계산을 잘해도 컴퓨터보다 빠를 순 없다. 컴퓨터가 없던 시절에 하던 교육 체계를 그대로 답습해서는 답을 찾을 수 없다. 창의 국어, 창의 수학, 창의 영어 같은 '무늬만 창의성' 교육으로도 안 된다.

창의성 교육에서도 질적 변화를 모색해야 한다. 5세부터 코딩 교육을 시작하는 영국 등 선진 강국들은 이미 코딩 교육을 주요 언어 교육처럼 인식하고 있다. 알파고 시대의 코딩 교육은 산업화 시대의 영어 교육만큼 중요하다. 영어도 지금 같은 주요 과목에서 밀려나 머지않아 '국영수'가 아니라 '국컴수'가 주요 과목으로 등장할지도 모를 일이다.

아하! 그렇구나

인공지능과 로봇이 미래의 일상을 바꾼다

편지 대필작가 테오도르는 아내와 별거 중으로 외롭고 공허하게 살고 있다. 집에 돌아오면 대형 홀로그램 게임을 할 뿐이다. 그러다가 광고를 통해 인공지능 운영체제인 '사만다'를 구매한다. 테오도르는 자신을 이해해주는 사만다에게 점점 사랑을 느낀다. 영화 〈허Her〉의 줄거리다. 영화는 지금보다 조금 더 진보된 컴퓨터 기술의 결과물을 보여주지만, 결코 황당한 이야기는 아니다.

최근 인공지능 알파고가 화제가 되었다. 바둑기사 이세돌은 컴퓨터 1,200 대 수준의 알파고와 다섯 번 겨뤄 한 번은 이겼지만 네 번을 졌다.

인간을 뛰어넘는 컴퓨터는 비단 알파고뿐만이 아니다. 엘드릭(LDRIC)이라는 골프 로봇은 지난해 미국프로골프(PGA) 투어에서 홀인원을 선보이며 환호를 받았다. 은행가에서는 일명 '금융 알파고'로 로보 어드바이저(Robo Advisor)가 등장하고 있다. 일종의 인공지능 자산관리 서비스다. 프라이빗 뱅커(PB)에게 서비스를 받는 것보다 수수료가 저렴하다는 장점 때문에 이용자가 증가하고 있다.

로봇 기자도 있다. 기사 쓰는 로봇 워드스미스(Wordsmith)는 이미 2013년 한 해에만 300만 개가 넘는 기사를 썼다. 모든 미디어 기업이 1년간 쓴 글보다 많은 양이다. 로봇이 쓰는 기사라 수준이 떨어질 것이라 생각할 수도 있겠지만 워드스미스가 쓴 기사와 일반 기자가 쓴 기사를 비교하는 실험에 따르면 참가자 절반 이상이 누가 쓴 것인지 구분하지 못했다.

컴퓨터 기술의 발전이 우리 일상을 파고드는 모습은 때로 소름 끼치게 놀랍다. 가까운 미래에 인공지능이 고도로 진화하는 변화를 온몸으로 겪을 미래 세대를 위한 교육의 변화가 필요한 시점이다.

3장

공부가
어렵다면
이렇게
극복하라

공부가
좋아지는
4가지 공부 전략

《논어》〈학이學而〉 편에는 '학이시습지불역열호學而時習之不亦
說乎' 라는 구절이 나온다. '배우고 제때 익히니 또한 기쁘지 아
니한가?' 라는 의미다. 논어를 공부하지 않은 사람도 한 번쯤은
들어본 구절일 것이다.

학문을 할 때 가장 먼저 해야 할 일은 배우는 일 즉 학學이다.
배우지 않으면 지식을 얻을 수 없다. 그다음 할 일은 배운 지식
을 익히는 습習 단계다. 중국 남송 유학자 주자朱子는 "배우고 또
그것을 계속 익힌다면 배운 것이 익숙해져서 마음 가운데 기쁨,
즉 열說을 느끼게 된다" 라고 했다.

이제 공부는 기쁨에서 끝나는 것이 아니라 무언가를 지어내
야 한다. 즉, 공부 끝은 작作이다. 어떠한 결과물을 만들어내야
하는 것이다. 원하는 학교에 입학을 하든 원하는 기업에 취업을

하든 결과물로서 공부는 완성되어야 한다. 즉 공부는 네 박자로 학學→습習→열說→작作이 되어야 하는 것이다.

〈공부의 4단계와 특성〉

1단계	2단계	3단계	4단계
학學	습習	열說	작作
새로운 정보와 지식을 배운다.	배운 지식과 정보를 익힌다.	공부를 통해 기쁨과 희열을 느낀다.	공부의 결과물을 만들어낸다.
남이 만들어준 세계 안에서 얻은 경험과 습관을 깬다.	배운 지식과 정보에 자신의 생각과 감정, 경험을 더해 지혜로 만든다.	학과 습의 과정을 반복하면서 모르는 것을 깨우치거나 새로운 앎을 터득한다.	배우고 익힌 지식을 활용해 원하는 결과물을 만들어낸다.

1단계: 학學

배움學이란 새로운 정보를 통해 자기 지식을 더욱 공고히 하려는 행위가 아니라 내가 알던 기존 지식을 지속적으로 깨어나가려는 의지의 과정이다. EBS〈통찰〉이라는 프로그램에서 우연히 본 배움의 정의가 참 인상적이었다. 우리는 남들이 만들어준 세계 안에서 자신의 경험과 지식으로 더 작은 울타리를 단단히 치며 산다. 배움이란 바로 그런 습관을 깨는 것이다.

근대의 계몽운동도 그런 각성의 사회적 움직임이 필요하다는 선각자의 메시지였을 것이다.

늘 배우려는 자세가 필요하다. 지식은 보태는 것이 아니라 그 지식으로 만들어진 나를 깨는 것이어야 한다. 나를 확장하고 발전시키는 데에 열을 올리기보다 기존의 나를 스스로 깬다는 것이 중요하다. 이것이 '학學의 과정'이다.

2단계: 습習

배운 지식에 대한 익힘習과 사유가 없다면 그것은 단순 지식 쌓기에 그치고 그 지식은 생명력이 없는 죽은 지식이라 할 수 있다. 죽은 지식은 지혜로 승화되지 못한다. 지식이 지혜로 승화되려면 그 지식 바탕 위에 자기의 생각과 감정, 경험 등이 더해져야 한다. 이것이 '습習의 과정'이다.

이것은 마치 소가 여물을 되새김해서 소화시키는 것과 같다. 되새김하는 방법 하나로 지식 내용을 자신에게 적용시켜보는 것이다. 예를 들어 역사책에 나오는 사건이나 인물에 대해 배운다고 하자. 이때 단순히 아는 것에 그치지 말고 내 자신이 역사의 사건 속 인물이 되어 사유해보는 것이다. 이것이 바로 배운 것을 되새김하는 방법이라 할 수 있다.

읽은 책이나 배운 것, 보고 들은 일, 경험한 일 등을 다시 기록하는 것도 바로 되새김하는 방법이요, 자기화하는 방법이라고 할 수 있다.

3단계: 열說

공자가 말한 '불역열호또한 기쁘지 아니한가?' 는 과연 어느 정도 기쁨을 의미할까? 기쁨說은 자기 혼자 마음속으로 느끼는 희열喜悅을 말한다. 즉 공부를 하다가 모르던 것을 깨우쳤을 때나 새로운 앎을 터득했을 때, 영화나 책에서 감명 깊은 내용을 보거나 읽었을 때 느끼는 감정이다.

이 기쁜 감정을 여럿이 함께 나누게 되면 즐거움이 된다. 예를 들면, 가정주부가 맛있는 음식을 만들었을 때는 혼자만의 기쁨을 느끼지만 그 음식을 가족들과 함께 나누어 먹으면 즐거움이 되는 것이다.

학문하는 기쁨이나 즐거움도 마찬가지다. 배워서 혼자 깨달음을 얻으니 기쁨이며, 학우들과 함께 배워서 깨달음의 기쁨을 나누어 가지니, 즐거움이 되는 것이다. 이것이 '열說의 과정'이다.

4단계: 작作

소확행小確幸이라는 말이 유행이다. '작지만 확실한 행복'이라는 의미다. 일본 작가 무라카미 하루키의 한 수필집에서 유래된 키워드다. 필자는 이 문장을 '작지만 확실한 행동'이라는 뜻의 소확행小確行으로 바꿔보고 싶다. '말 백 번이나 생각 백 번보다 행동 한 번이 더 중요하고 가치가 있다'는 의미다.

이 문장을 다시 공부에 초점을 맞추면 그 의미는 더 확실해진다. 우리는 세상을 살아가면서 이런 저런 많은 공부를 하지만 실제 행동으로 옮기는 경우는 그리 많지 않다. 배운 것을 응용하여 행동으로 옮기고 어떠한 결과물을 만들어내는 것이야말로 공부를 완성하는 것이다. 이것이 '작作의 과정'이다.

02

나에게
맞는
공부 로드맵

지금까지 공부 단계를 학學→습習→열說→작作이라고 했다. 공부의 과정이 '학-습-열-작' 이 되려면 더 많은 공부 요소들이 필요하다. 먼저, 공부를 위한 근본적인 인지능력이 있어야 큰 효과를 낼 수 있다. 생각하고思, 공감하고感, 잘 듣고聽, 그리고 행동行에 옮기는 일이다. 당연히 우리 신체인 머리Head, 가슴 Heart, 귀Hear, 손Hand이 인지능력을 발휘할 수 있도록 함께 움직여 주는 것이다.

마지막으로 '학-습-열-작' 을 성공적으로 실천에 옮기기 위해서는 여덟 가지 핵심역량이 뒷받침되어야 한다. 즉 '생각력 · 질문력 · 창의력 · 공감력 · 통찰력 · 해결력 · 가공력 · 실행력' 이다.

미래학자들은 새 시대 핵심능력으로 창의성, 공감, 실행과 협력의 기술을 꼽는다. 따라서 지금까지 암기식 공부를 버리고 즉 '노하우Know-How식' 공부가 아니라 '두하우Do-How식' 공부가 되어야 하며, '암묵지' 가 아니라 '창조지' , '가치지' 를 만들어내는 방법, 즉 이익이 되는 공부법이 요구된다.

　필자가 제시하는 이 여덟 가지 역량이야 말로 공부에 있어서 결정적인 영향력을 발휘하는 핵심이다. 이제 이 여덟 가지 역량을 어떻게 구축해야 하는지 구체적인 방법을 알아보자.

〈공부의 액션플랜 = 학→ 습→ 열→ 작〉

공부를
완성시키는
8가지 액션플랜

1) 생각력: 모든 행동을 유발하는 역량

북산에 우공이라는 아흔 살 된 노인이 살고 있었다. 그런데 노인 집 앞에는 넓이가 칠백 리, 높이가 만 길이나 되는 태행산과 왕옥산이 가로막고 있어 생활하는 데 무척 불편했다. 그러던 어느 날 노인은 가족들에게 이렇게 말했다.

"우리 가족이 힘을 합쳐 두 산을 옮겼으면 한다. 그러면 길이 넓어져 다니기에 편리할 것이다."

당연히 가족들은 반대했다. 그러나 노인은 자신의 뜻을 굽히지 않았고, 다음 날부터 작업을 시작했다. 우공과 아들, 손자는 지게에 흙을 지고 발해 바다에 갖다 버리고 돌아왔는데, 꼬박 1년이 걸렸다. 이 모습을 본 이웃 사람이 "이제 멀지 않아 죽을 당신인데 어찌 그런 무모한 짓을 합니까?" 하고 비웃자, "내가 죽으면 내 아들, 그가 죽으면 손자가 계속 할 것이오! 그동안 산은 깎여 나가겠지만 더 높아지지는 않을 테니 언젠가는 길이 날 것이오!" 라고 했다.

두 산을 지키던 산신이 이 말을 듣고는 큰일 났다고 여겨 즉시 상제에게 달려가 산을 구해달라고 호소했다. 이 말을 들은 상제는 두 산을 각각 멀리 삭 땅 동쪽과 옹 땅 남쪽으로 옮기도록 했다.

'우공이산愚公移山' 이라는 고사성어 이야기다. 어리석은 사람이 산을 옮긴다는 말이다. 손에 쥔 삽 한 자루로 산을 옮기는 우직함도 필요하다. 하지만 생각을 달리하면 터널을 뚫을 수도 있고 삽이 아닌 포클레인을 이용할 수도 있다. 세상을 바꾸는 것은 우직함도 필요하지만 생각도구를 사용하는 방법을 아는 것도 중요하다.

'인간은 생각하는 갈대!'

파스칼의 명언이다. 파스칼은 17세기 프랑스 사람으로 철학자, 수학자, 과학자, 신학자에다 발명가다. 이 명언은 그의 저서 《팡세》에 나오는 말이다. 인간은 갈대와 같이 흔들리는 연약한 존재, 그럼에도 인간은 생각하는 존재라는 것이다. 생각하는 일, 즉 사유思惟에 대해 그 의미를 크게 부여하고 있다. 인간이 비록 바람에 흔들리는 연약한 존재이지만 수없이 많은 발명과 찬란한 문화를 꽃 피우고 광대한 이 우주를 탐사하며 여행할 수 있는 이유는 '생각한다'는 능력이 있기 때문이다. 이것이 우리 인간을 위대하게 만들어주는 힘의 원천이다. 동식물이야 깊이 생각할 것 없이 야생에서 본능에 따라 살든지, 아니면 사람들에게 길들여져 인간과 함께 살아가면 된다. 우리 인간은 엄청난 특혜인 이 생각할 수 있는 힘을 최대한 활용하여 보다 많은 아이디어와 상상력을 발휘해야 한다.

당신은 호모 思피엔스

젊은 세대 하상욱 시인의 시를 읽어보았다. 짧아서 단숨에 읽을 수 있어 좋았다. 아주 재치 만점이면서도 우리 일상을 다시 생각하게 만드는 반전이 있는 시다. 그의 시는 특이하게도 맨 아래에 있는 제목을 보아야만 시의 의미를 알 수 있다. 제목을 보기 전까지는 한참을 생각을 해야 시의 의미를 알 수 있을 만큼 생각하는 것에 즐거움을 주는 시다. 리듬감이 있고 솔직 담백하다. 그리고 위트가 있으며 누구나가 공감할 수 있는 내용이다. 보면 볼수록 중독되는 듯 계속 보고 싶은 하상욱 시인의 시 몇 편을 함께 읽어 본다.

'니가 문제일까 내가 문제일까'

신용카드를 말한다. 신용카드를 쓰는 많은 사람들이 한번쯤 생각해볼 만한 문장이다.

'어릴 땐 몰랐네 이렇게 힘든 줄'

계단을 말한다. 지하철을 타려고 계단을 오를 때 마다 숨이 차는 것에 대해 공감하는 내용이다.

'당신이 뭔데 내 앞을 막아'

영화관에서 앞사람을 말한다. 영화관에 가면 종종 앞사람 머리에 가려 스크린이 안 보일 때가 있다.

'태양을 피할 순 있지만 당신을 피할 순 없겠지'

태양은 모자를 쓰거나 건물에 들어가면 피할 수 있다. 그러나 매주 돌아오는 월요일은 결코 피할 수 없다. 일요일 밤 잠이 들기 전에 '월요일이 오지 않았으면' 이라는 생각을 한번쯤은 해보았을 것이다.

'바빴다는 건 이유였을까 핑계였을까'

헬스장을 말한다. 대부분 헬스장은 3개월, 6개월, 1년 단위로

끊는다. 할인을 많이 해주기 때문이다. 하지만 바쁘다는 핑계로 좀처럼 가지 않는다. 정말 바빴던 것일까? 핑계라는 것을 알기에 위안이 되는 시다.

이렇게 하상욱 시인의 시는 짧지만 수수께끼처럼 많은 생각을 하게 하는 시로 인상 깊었다.

이젠 호모 事피엔스가 되라

일할 때는 반드시 그 일의 목적을 생각해야 한다. 특히 일하는 중간 중간에도 그 목적을 상기하는 것이 중요하다. 또한 완료 시점을 고려해 시간을 잘 활용해야 한다. 일의 결과는 반드시 처음 예상하고 기대한 것과 동일하게 나타나지 않기 때문이다. 구성원들의 업무 만족도가 높은 조직은 일하는 방법에서 무엇이 다를까?

'배달의 민족'을 운영하는 우아한 형제들 서울 송파구 방이동 사무실 벽 곳곳에는 '송파구에서 일을 더 잘하는 11가지 방법-몽촌토성역편'이라고 적힌 포스터가 걸려 있다. '일을 더 잘하는 11가지 방법'을 직접 기획하고 작성한 김봉진 '우아한 형제틀' 대표는 "작고 사소한 규율을 지렛대 삼아 스스로 원칙과 규칙을 세워 일할 수 있는 자율적인 문화를 지향하고 있다"라고 말한다. 원칙과 규칙을 준수하는 일은 생각하지 않고는 실천할 수 없는 항목이다.

결국 '일을 더 잘하는 11가지 방법'은 생각하며 일하라는 메시지를 주고 있는 셈이다. 사소한 일에서부터 리더십까지 다양한 생각거리를 주고 있어 11가지 내용을 소개해본다. 필자는 이것을 확장해서 '호모 事피엔스 11'이라고 부르곤 한다.

1) 9시 1분은 9시가 아니다.

2) 실행은 수직적! 문화는 수평적~

3) 잡담을 많이 나누는 것이 경쟁력이다.

4) 쓰레기는 먼저 본 사람이 줍는다.

5) 휴가나 퇴근 시 눈치 주는 농담을 하지 않는다.

6) 보고는 팩트에 기반한다.

7) 일의 목적, 기간, 결과, 공유자를 고민하며 일한다.

8) 책임은 실행한 사람이 아닌 결정한 사람이 진다.

9) 가족에게 부끄러운 일은 하지 않는다.

10) 모든 일의 궁극적인 목적은 '고객 창출'과 '고객 만족'이다.

11) 이끌거나, 따르거나, 떠나거나!

로버트 앨런 블랙 Robert Alan Black 박사는 제4회 세계지식포럼 전문가 특별강연에서 기업이 창의력을 이어가기 위해서는 직장 내에서 즐거움과 상상력을 발휘할 수 있는 여건이 필수라고 지적했다. 그는 3M을 예로 들면서 "3M은 하루 근무시간 중 85%는 일상적인 일을 하는 데 쓰도록 하지만 15%는 엉뚱하고 바보 같은 생각들을 하도록 독려한다"며 "3M이 '포스트-잇' 같은 창의적인 아이디어를 낼 수 있었던 것도 이런 기업시스템이 주효했기 때문이다"라고 말했다.

블랙 박사는 "불가능한 일을 하는 것은 언제나 즐겁다. 왜냐하면 경쟁이 덜하기 때문이다"는 월트 디즈니 말을 인용하면서 아이디어는 항상 비전과 혁신 속에서 나온다고 강조했다. 그는 개인들에게 "매일 엉뚱한 생각을 하고 그것을 일기로 남기거나 기록한다면 언젠가는 남들과는 다른 결론을 얻을 수 있다"라고 조언했다. 반면 "기업 CEO 가운데 근로자가 창의력을 높이도록 유도하는 곳은 거의 없다"라며 "이는 큰 실수이며 근로자들에게 하루에 몇 분이라도 창의력을 함양할 수 있도록 시간을 주는 것이 중요하다"라고 지적했다.

- 매일경제신문 발췌

호모 思피엔스 필살기 3가지
: 만다라트 + 마인드 맵 + 〈3〉의 로직 트리

현대인은 수많은 정보를 접한다. 그중 필요한 정보만을 선별해서 정리하고 해결책을 제시하는 일은 능력의 척도가 된다. 더욱이 비즈니스맨이라면 머릿속에 들어온 수많은 정보를 이해하고 정리해서 다른 사람에게 쉽게 전달할 수 있어야 한다.

우리가 이동할 때 비행기나 기차, 버스, 지하철처럼 편리한 교통수단을 이용하듯 생각을 정리하는 데에도 편리한 도구가 있다. 이미 많은 사람들이 알고 활용하고 있는 방법들이다. 자신 생각이나 아이디어를 공유하고 생산성과 효율을 높이기 위한 도구로서 활용해보기 바란다. 만다라트, 마인드맵, 〈3〉의 로직트리 등 생각도구 즉 '호모 思피엔스 필살기' 세 가지를 정리한다.

1. 만다라트

'만다라트'는 '목표를 달성한다'는 'Manda + la'와 기술 'Art'를 결합한 단어다. 일본의 디자이너 이마이즈미 히로아키가 깨달음의 경지를 상징하는 불화에서 아이디어를 얻어 창안

했다. 일본의 투수 오타니 쇼헤이가 성공의 비결로 만다라트를 이야기하여 화제가 된 적이 있다. 흔히 목표달성을 위한 도구, 아이디어 발상 도구로 사용된다.

오타니 쇼헤이 선수는 지금은 미국 메이저리그 '엘에이 엔젤스 LA Angels팀' 에서 뛰고 있다. 그는 만다라트로 계획을 세우면서 목표를 이루기 위한 과정과 자신의 꿈에 대해 진지하게 생각을 했을 것이다. 그리고 만다라트 종이 한 장에 기록한 작은 목표를 하나씩 이루어가며 결국 큰 꿈을 이루게 된다. 이처럼 만다라트를 활용하면 머릿속에 있는 생각을 정리하고 계획하여 실천에 옮길 수 있다. 만다라트에 대한 장점을 세 가지로 간추려 본다.

첫째, 한 페이지로 모든 내용을 볼 수 있다.

생각정리 도구에 있어서 수많은 아이디어를 한 페이지로 볼 수 있다는 것은 참으로 중요한 요소다. 만다라트는 종이에 가로 세로 9칸씩 모두 81칸의 사각형을 그리는 데서 시작하며 완성되면 모든 내용을 한눈에 살펴볼 수 있다.

둘째, 틀에 공백을 메우고 싶은 심리가 작용한다.

만다라트는 아이디어 발상도구로 많이 활용되는데 그 이유는 빈 칸의 공백을 메우는 과정에서 다양한 아이디어가 나오기 때문이다. 따라서 만다라트는 생각이 멈춰 있는 상태에서 활용하면 생각이 활성화되는 효과를 볼 수 있다.

셋째, 구체적이고 논리적으로 생각을 정리할 수 있다.

만다라트는 중심 주제를 적는 칸, 하위 주제를 적는 칸으로 분류되어 있어서 내용을 기록하는 동시에 자연스럽게 논리를 체계화하게 된다. 또한 세부적인 내용을 적어나가는 과정에서 생각을 좀 더 구체화 할 수 있다.

만다라트를 그리는 방법은 간단하다. 큰 사각형을 그리고 가로 세 줄, 세로 세 줄을 동일한 간격으로 그린다. 그러면 사각형 아홉 개가 생긴다. 맨 가운데 사각형에 생각하고자 하는 중심 주제를 적는다. 그걸 둘러싼 사각형 여덟 개 안에는 중심 주제에 대한 핵심 키워드를 적는다. 그리고 핵심 키워드 여덟 개를 주변으로 확장해 그것을 둘러싼 여덟 개 칸 각각에 핵심 키워드에 대한 세부 실천내용을 나열한다.

예를 들어보자. 우리는 가끔 점심 메뉴를 정하는 데 많은 시간이 걸릴 때가 있다. 점심 메뉴를 정하는 상황을 가정하고 만다라트를 그려보자. 먼저 '배고픔' 이라는 주제에 따라 음식 종류 여덟 가지를 적는다. 이어서 '중식' 이라는 주제에 따라 구체적

대안 여덟 가지를 적는다. 이렇게 대안을 좁혀나가면 의사결정이 정확하고 빨라진다. 특히 하나의 주제에 대해 여러 가지 아이디어가 필요할 때 효율적인 기법이다.

중식	고기	일식
한식	배고픔	라면
치킨	분식	기타

짜장면	짬뽕	탕수육
칠리새우	중식	볶음밥
유린기	깐풍기	팔보채

짜장면	짬뽕	탕수육	목살	갈비	삼겹살	우동	라멘	돈부리
칠리새우	중식	볶음밥	갈비살	고기	갈매기살	초밥	일식	오뎅
유린기	깐풍기	팔보채	항정살	안심	등심	소바	돈가스	장어덮밥

김치찌개	된장찌개	설렁탕	중식	고기	일식	진라면	볶음면	컵라면
곰탕	한식	냉면	한식	배고픔	라면	안성탕면	라면	짜장라면
불고기백반	청국장	곱창	치킨	분식	기타	신라면	삼양라면	너구리

교촌치킨	닭강정	파닭	순대	칼국수	김밥	피자	파스타	햄버거
파파이스	치킨	KFC	오뎅	분식	주먹밥	스테이크	기타	토스트
후라이드	양념	순살치킨	떡볶이	떡국	만두	베트남쌀국수	커리	케이크

2. 마인드맵

마인드맵Mind Map은 '생각의 지도' 라는 뜻으로, 1970년 영국의 토니 부잔이 개발한 사고기법이다. 두뇌 기능을 최대한 발휘하도록 해주는 '사고력 중심의 두뇌계발 프로그램' 및 '생각을 정리하는 기법' 으로 불리기도 한다. 방사형 구조로 표현하고, 약도를 그리듯 꼬리에 꼬리를 물고 생각하는 것이 특징이다.

마인드맵을 개발한 토니 부잔 주장은 현재 학생들의 공부 방법은 대단히 잘못되어 있다고 얘기한다. 학교에서 수업시간에 선생님이 칠판에 적어주는 내용을 학생 노트에 적는 행위는 오히려 기억에 방해가 된다고 한다.

검은색 글씨로 가로로 빈 공백을 채우는 노트는 시간낭비일 뿐더러 그 내용 핵심을 파악하기 어렵다는게 문제라는 것이다. 공부를 할 때 쉬지 않고 2~3시간 연속으로 책을 보거나 노트를 보는 것은 오히려 기억에서 지식을 사라지게 만든다고 주장한다.

사람이 쉬지 않고 계속 일을 하게 되면 피로를 느끼듯이 뇌도 마찬가지로 휴식 없이 쓰게 되면 지식을 저장하지 못한다. 즉 1 시간 공부를 하면 10분을 쉬듯이, 충분한 휴식시간을 주면서 공부를 해야 한다는 이야기다. 그리고 꼭 복습을 하라고 권한다. 단 복습을 하되 일정 시간 이후로 지식이 사라질 순간에 복습을 하게 되면 지식은 장기기억 상태가 된다. 에빙하우스의 망각 곡선과 비슷한 원리다.

어찌됐든 복습은 마인드맵으로 해야 한다고 주장을 하고 있다. 우리가 어떤 단어를 기억할 때는 막무가내로 외우는 것보다 사물이나 영상을 떠올리며 연상이 되게 외우면 기억에 많은 도움이 되는 원리다.

그럼, 생각을 정리하는 도구인 마인드맵을 간단하게 예제를 통해서 확인해보자. 예제 주제는 '자기소개' 이다. 우리는 자기 자신을 남들한테 알리는 기회가 의외로 많다. 자리와 상황에 따라 다르지만 아래와 같이 지도를 그려두면 전체 구조 파악이 쉽고 내용을 기억하기도 쉬워진다.

1. 이야기 할 항목을 지도로 그려두면 구조 파악이 쉬워진다.

2. 마인드맵에 따라 이동하면 이야기할 내용을 기억하기 쉽다.

3. 아무리 복잡해도 연상되는 주제에 따라 가지를 생각하면 정리가 쉽다.

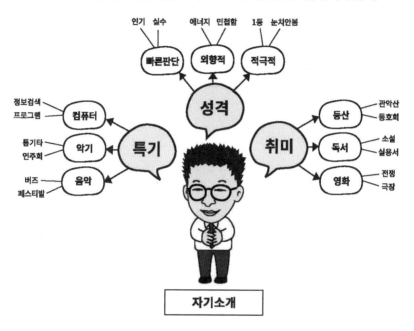

토니 부잔의 말처럼 현재 학생들 공부방법이 잘못되었다는 의견에 충분히 동의한다. 학교에서 선생님이 칠판에 적어주는 내용을 그대로 가로쓰기로 적는 것과 쉬지 않고 공부하는 학습 패턴은 뇌의 기능을 제대로 활용을 하지 못하는 방식임에는 분명한 것 같다. 왜냐하면 우리가 학창시절에 그렇게 열심히 가로쓰기로 된 노트 필기를 해 왔지만 정작 그 지식은 저 멀리 날아가 버리고 사라졌기 때문이다.

한 화면에 책 한 권 내용을 요약할 수 있는 마인드맵은 꽤 유용하고 효율적인 도구다. 화면의 가운데에 있는 주제를 가지고 방사형으로 뻗어나가는 단어들을 보면 한 번에 전체 내용이 요약될 뿐더러, 한눈에 파악하기도 쉽다.

마인드맵이 만능 도구는 아닐 것이다. 마인드맵을 사용한다고 해서 공부를 잘하게 되고 천재가 될 수는 없다. 마인드맵은 단순히 정리를 도와주는 도구이지, 황금열쇠는 아니다. 결국은 본인의 노력 여하에 따라 성과를 낼 수 있다.

3. 매직 넘버 〈3〉의 로직트리

〈3〉의 로직트리Logic Tree는 '어떤 주제든 3가지로 요약하고 정리하는 것'을 의미한다. 필자는 이것을 '〈3〉의 매직'이라고 부른다. 〈3〉의 로직 트리를 활용해 생각을 정리하는 방법은 What tree, Why tree, How tree가 있다.

세상이 복잡할수록 단순하게 생각을 정리하는 방법을 배워야 한다. 3이라는 숫자를 활용한다면 명쾌하게 생각하고 정리하고 말할 수 있게 될 것이다. 왜 3의 법칙일까?

첫째, 숫자 3에는 '완성' 이라는 의미가 담겨 있다.

라틴 명언 중에 '셋으로 이뤄진 것은 모두 완벽하다' 라는 말이 있다. 만물에는 3가지로 완성되는 것이 무수히 많이 존재한다.

둘째, 숫자 3을 강조하면 임팩트가 생긴다.

이러한 이유에서 위대한 연설가들은 3의 법칙을 즐겨 사용한다.

셋째, 숫자 3은 가장 안정적이고 기억하기 좋다.

내용을 설명할 때 두 가지 근거를 말하면 왠지 부족하게 느껴지고 5가지는 복잡해서 기억에 남지 않는다. 머릿속이 복잡할 때에는 〈3〉의 로직트리, 생각정리가 필요할 때에는 3이라는 숫자를 활용해 로직트리를 그려보자. 복잡하고 어려운 일일수록 단순하게 생각하는 것이 지혜다.

그럼 〈3〉의 로직트리를 작성하는 방법을 예제를 통해 알아보자. 잘 알고 있는 '스티브 잡스는 어떤 사람인가?' 가 주제다.

먼저 그의 특징을 세 가지만 생각해보자.

첫째, 현재와 미래의 점을 이었던 사람이다.

둘째, 그의 사랑과 삶이 평범하지 않았다.

셋째, 그의 죽음이 특별하다.

이렇게 세 가지씩 생각을 정리해 나가다보면 스티브 잡스라
는 사람에 대한 정보가 쉽게 정리된다. 아래 그림을 참조하기
바란다.

1. 스티브 잡스의 특징 세 가지

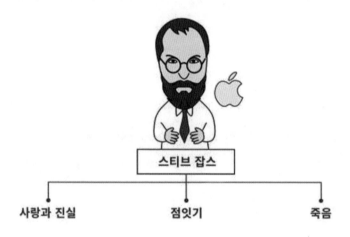

2. 세 가지 특징을 다시 세 가지로 확장한다.

인생은 과거 · 현재 · 미래로, 하루는 오전 · 오후 · 저녁으로,
올림픽에서 선수들의 메달은 금 · 은 · 동으로, 단군신화에도 환

인 · 환웅 · 단군이 있어 나라를 열었고, 또한 로마시대의 삼두
정치, 기독교의 성부 · 성자 · 성령, 불교의 삼존불 등 3에 관한
사례는 너무나 많다.

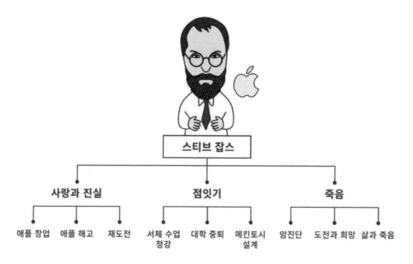

여기에 그치지 않고 심리학에도 등장한다. 세 명이 모이면 그
때부터 집단이라는 개념이 생기고 하나의 움직임이 된다. 오바
마 대통령이 선거전에서 항상 외쳤던 말이 있다.

"Yes, we, can!그래 우리는 할 수 있어!", "Change, Change,
Change변하자, 변하자, 반드시 변화하자" 등 그가 만든 캐치프레이즈
는 세 가지로 구성된 단순한 말이었지만, 각 단어마다 진취적이
고, 긍정적인 에너지가 담겨 있다.

2) 질문력: 모든 변화를 부르는 역량

한 예능 프로그램에서 호주 출신 방송인 샘 해밍턴이 소대장에게 질문을 한다. 소대장이 샘의 질문에 "대기해!"라고 말한다. 샘은 이를 "얘기해"로 잘못 들어 소대장에게 질문을 해 지적을 받는다. 샘은 모르는 것이 생길 때마다 질문을 해 늘 혼이 난다. 그래도 샘은 꿋꿋하게 질문을 한다. 샘 해밍턴은 왜 질문을 할까?

질문은 궁금증이다. 더 알고자 하는 바람에서 질문이 나온다. 좋은 질문 하나는 자신뿐만 아니라 어떤 분야에 대해 아무런 의식이 없던 사람들의 생각과 삶도 바꿀 수 있다. 질문에는 그런 힘이 있다.

경영 컨설턴트 도로시 리즈Dorothy Leeds는 자신의 책《질문의 7가지 힘》에서 다음과 같이 소개한다.

> • 질문을 하면 답이 나온다.
> • 질문은 생각을 자극한다.
> • 질문을 하면 정보를 얻는다.

- 질문을 하면 통제가 된다.
- 질문은 마음을 연다.
- 질문은 귀를 기울이게 한다.
- 질문에 답하면 스스로 설득이 된다.

질문은 누구에게나 귀를 기울이게 하고 자연스럽게 관심을 갖고 참여를 유도할 수 있는 기법이다. 다양한 질문을 던짐으로써 자신이 원하는 현재 상태와 정보를 얻어낼 수 있는 장점이 있다. 그러면 어떤 질문을 던질 것인가?

《정의란 무엇인가》로 잘 알려진 마이클 샌들 하버드대 교수처럼 질문 하나 던져놓고 몇 시간 동안 강의를 할 수도 있다. 질문은 형식과 내용에 따라 아주 다양하다. 특히, 정해진 상황에 맞는 차별화된 질문거리를 사전에 준비하는 일은 어렵기도 하지만 답변의 품질을 높이는 일이기도 하다.

더욱 중요한 것은 질문 유형에 대해 먼저 알고 있어야 한다. 왜냐하면 질문을 어떻게 하느냐에 따라 원하는 답이 나올 수도 있고 나오지 않을 수도 있기 때문이다. 도로시 리즈는 질문 유형을 다음과 같이 분류한다.

질문에는 열린 질문과 닫힌 질문, 긍정 질문과 부정 질문, 미래 질문과 과거 질문, 중립 질문과 유도 질문, 강력한 질문 등 다양한 질문이 있다. 시의적절한 질문의 활용이 수준 높은 답이 될 수 있다. 폐쇄형 질문과 개방형 질문의 예를 들어보자.

> • 폐쇄형 질문 : 내가 도와줄까요?
> • 개방형 질문 : 내가 무엇을 도와줄까요?

질문을 비교해보면, 닫힌 질문이라고도 하는 폐쇄형 질문은 누구에게 질문하더라도 "예, 아니오"로 대답하기에 깊이 생각하지 않고 바로 대답하는 질문이다. 반면에 열린 질문이라고도 하는 개방형 질문은 바로 답하기보다는 한 번 더 생각을 하게 하고, 둘 이상의 해답이 있다. 상황에 따라서는 폐쇄형 질문이 필요할 때도 있지만 가능한 한 대답이 여러 개가 나올 수 있는 개방형 질문을 많이 함으로써 생각을 자극하는 것이 좋다. 생각을 자극해야 아이디어도 많이 나오기 때문이다.

"중·고교 시절에는 동네 도서관의 책을 거의 섭렵했습니다. 요즘도 최소한 하루 1시간을 신문 읽기에 씁니다. 모르던 정보를 접하는 것은 즐거운 일입니다. 다만 작은 기사를 즐겨 찾아 읽고 의견이 섞인 기사는 좋아하지 않습니다. 왜냐고요? 판단은 스스로 해야 하니까요. 젊은이들이 자신이 모르던 지식을 얻을 수 있는 신문을 멀리 한다는 건 안타까운 일입니다."

노벨 물리학상을 받은 일본의 마스카와 도시히데 교수의 말이다. 그는 요즘엔 고등학생이 초등학생보다 '생각하는 힘'이 떨어진다면서 젊은이에게 가장 필요한 것은 '호기심'과 '동경'이라고 강조한다.

이처럼 나이가 들면서 호기심이 사라지기 마련이다. 메이드 인 호기심! 당신을 호기심 천국으로 만들어 보면 어떨까? 질문은 호기심에서부터 시작되기 때문이다.

창의적 발상의 가장 큰 적이자 넘어야 할 장애물은 바로 고정관념이다. 즉 습관과 상식이라는 방해물로 만들어진 '당신만의 틀' 때문에 창의적인 생각을 못 한다는 이야기다. 그래서 아이들이 어른들보다 엉뚱하지만, 그만큼 기발하고 다양한 생각을 잘 해내는 것도 사물을 보는 고정관념이 그만큼 적기 때문이다.

5 Why : 끈질기게 '왜' 라고 묻자

사람들은 살아가면서 불편하지 않으면 현상 유지를 좋아하기 마련이다. 새롭게, 다르게 하지 않고 같은 방법만 답습하려는 경향이 있다. 하지만 급변하는 시대가 이를 가만두려 하지 않고, 과감한 사고의 구조조정을 요구한다. 당신만의 직관력을 키워야만 한다. 그러자면 무엇을 해야 할까?

S 그룹의 업무 시스템에는 '5 Why' 라는 게 있다. '5 Why' 란 어떤 문제를 해결하기 위해 왜Why라는 질문을 지속적으로 해가는 방식이다. 문제를 찾아 대책을 세워 나가는 데 있어, '왜' 를 계속 제기하는 것은 과거 지향적이지만, '무엇What과 어떻게 How' 로 생각하면 미래 지향적으로 전환될 수 있다.

'왜' 를 찾는 사람과 '무엇과 어떻게' 를 찾는 사람의 사고방식의 차이는 크다.

미국의 수도 워싱턴에는 미국 제3대 대통령 토머스 제퍼슨을 기념해 건립된 기념관이 있다. 백악관과 대칭을 이루고 있는 제퍼슨 기념관은 백악관만큼이나 웅장하고 하얗다. 그런데 이 기념관의 외곽 벽이 심하게 부식되는 일이 발생했다. 그 원인을 알아보니 외곽 벽을 너무 과하게 청소한다는 사실이 밝혀졌다. 기념관장은 직원들에게 왜 그렇게 자주 청소를 하게 되는지 질문을 던졌다. 직원들에게서 뜻밖의 대답이 나왔다. 이유는 비둘기들의 배설물 때문이라는 것이었다.

"그런데 비둘기들은 왜 기념관에 오는 걸까?"

바로 비둘기의 먹잇감인 거미가 많기 때문이었다.

"왜 그렇게 거미가 많은 것인가?"

거미들이 많은 이유는 나방 때문이었다. 나방이 많이 날아들어 나방을 먹고사는 거미가 많이 몰려들었던 것이다.

"왜 그토록 많은 나방이 생기는 것일까?"

알고 보니 해 질 녘 켜놓은 기념관 불빛이 나방을 끌어 모았던 것이다. 이제 해결책을 찾았다.

그 후 제퍼슨 기념관은 외곽 조명을 2시간 늦게 켰다. 나방이 모이는 시간대에 불을 켜지 않으니 나방이 날아들지 않았고, 자연히 거미도 없어지면서 비둘기 역시 몰려들지 않았다. 결국 기념관 외곽 조명을 2시간 늦게 켠 것이 기념관 벽의 부식을 막는 해결책이었다. 지금까지 나열한 5 Why를 이해하기 쉽게 그림으로 정리해보겠다.

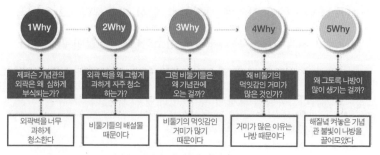

〈5 Why 프로세스 예시〉

5 Why를 통해 문제를 해결한 사례다. 수많은 질문과 관찰을 통해 많은 비용을 투입하지 않고도 문제를 해결했다.

5 Why는 우리 생활 안에서도 얼마든지 생각해 볼 수 있다.

"왜 싱크대 수도꼭지에는 페달을 달지 않는가?"

"왜 냉장고 문은 슬라이드 형으로 만들지 않는가?"

"왜 세금 계산서는 이렇게 되어 있는가?"

"왜 목욕 한 물은 그냥 버려져야 하는가?"

"왜 자동차의 연료 주입구는 양쪽에 만들지 않는가?"

"왜 내 명함은 이런 식인가?"

"왜 냉장고는 네모인가?"

학교에서 공부를 할 때도 직장에서 업무를 할 때도 이런 호기심과 관찰력을 발휘하여 많은 질문을 해보자! 왜? 왜? 왜?

가시철조망을 발명한 사람은 누구일까? 과학자도 건축업자도 아닌 게으른 양치기다. 게으른 양치기는 양들을 멋대로 풀어놓고 제 몸 편할 궁리만 했다. "좀 더 편하게 양을 몰 수는 없을까?"를 고민하던 양치기의 눈에 가시나무를 피해 돌아가는 양의 모습이 들어왔다. 그는 바닥에 떨어진 철사를 집어들고 무릎을 쳤다.

"철사를 구부려 가시나무를 만들자."

그는 가시철조망으로 특허를 내서 정말로 돈벼락을 맞았다. '사람은 아무 할 일이 없을 때 비로소 자신의 잠재력을 깨닫는다'고 한다. 할 일을 하지 않고 빈둥거린 양치기도 마찬가지다.

만약 여러분들의 집 현관 입구에 우산 꽂이를 만든다면 어떻게 하겠는가? 대부분 사람들은 원통형 우산꽂이를 떠올린다. 일본의 한 세계적인 디자이너는 생각이 달랐다. 현관 벽에서 좀 떨어진 바닥에 구멍을 파는 것이었다. 이 구멍에 우산 끝을 고정하고 손잡이 쪽을 벽에 닿게 세우면 멋진 우산 꽂이가 될 수 있다는 착상에서다. 그가 이런 생각을 한 것은 사람들은 우산을 세울 때 무의식적으로 우산 끝을 고정할 곳을 찾는 습관 때문이다. 생활 아이디어이나 발명은 이처럼 평범한 생각에서 비롯된다. 누구나 일상을 잘 포착하면 '李디슨', '金게이츠'가 될 수 있다. 일상이 아이디어의 보고다.

성공하는 사람은 머리가 말랑말랑하다. 지금 당신이 하는 일을 무작정 하는 게 아니라 '이것을 왜 하는지' 생각해보고 질문해보자! 여러분 일에 5 Why를 덧붙여보자! 5 Why를 잘 하려면 무엇을 해야 할까? 쓰지 않는 근육을 써야 한다.

일본의 한 회사의 이야기다. 이 회사는 채용 방식이 남다르다. 우선 밥을 빨리 먹는 순서대로 합격시킨다. 왜 그럴까? 밥을 빨리 먹는 사람이 결단력이 빠르고, 동작이 빠르고, 일하는 속도가 빨라 일도 잘하기 때문이라고 한다.

그뿐만이 아니다. 화장실 청소하기, 큰 소리로 말하기도 있다. 이는 밑바닥 일을 잘할 수 있는 사람이 다른 일도 잘하고, 큰 소리로 말할 수 있는 사람은 자신감이 있는 사람이기 때문이라고 한다. 이 회사는 소형 모터 분야에서 세계 1위를 달리고 있다.

일본의 한 자동차 회사는 일을 '일' 과 '헛일' 로 나누고 있다. 여기서 '일' 은 고객과 직접 관련된 것이고, '헛일' 은 고객과 무관한 것이라는 것이다. 벽에 못을 박는 일을 하는 사람이라면 못을 들어 벽에 대고 망치를 때리기 전까지의 행동은 '헛일' 이고, 망치로 벽을 때리는 행동이 '일' 이 되는 것이다. 준비하는 과정은 고객과 무관하기 때문이다. 이 회사는 재고관리나 자재 창고 같은 게 없다. '헛일' 이 없기 때문이다. 바로 세계 최고 자동차 회사인 도요타 이야기다. 지금 내가 하는 일이 '일' 인지 '헛일' 인지 한번 자문자답 해보자!

불치하문 : 질문하기는 부끄러운 일일까

"군자는 아랫사람에게 묻는 것을 부끄러워하지 않는다" 라는 말이 있다. 그 유래는 다음과 같다. 중국 춘추시대에 위나라의 대부인 공어라는 사람이 있었는데 그는 친구의 아내를 빼앗아 자신의 아내로 삼은 부도덕한 사람이었다. 그런데도 공자는 이 공어에게 공문자라 하여 문文이라는 당대 최상의 시호를 붙여 주었다. 그 이유를 묻는 제자에게 공자는 이렇게 대답했다고 전해진다.

"총명하면서 학문을 좋아하며, 아랫사람에게도 물어보기를 부끄러워하지 않는다."

즉 공어는 학문에 조예가 깊고 총명하면서도 배움을 위해서는 학문의 수준이나 지위가 낮은 사람을 찾아가 배우는 것을 당연히 여겼던 사람이기에, '문'이라는 시호를 붙여주었다는 이야기다.

2002년 노벨 물리학상을 받은 일본의 코시바 마사토시는 어렸을 때 소아마비를 앓았고 동경대 물리학과를 꼴찌로 졸업했다. 이런 그에겐 묘한 습관이 하나 있다. 바로 불치하문不恥下問이다.

"저는 대학을 꼴찌로 졸업했기 때문에 묻는 것이 습관이 되었습니다. 묻는 것은 창피한 일이 아닙니다. 오히려 모르면서 아는 척을 하거나 그냥 넘어가는 것이 부끄러운 일입니다."

무엇이든지 의문이 생기면 누구에게든, 어떤 것이든 물어보자. 모르는 것을 물어보는 것은 수치가 아니다. 행여 수치라면 그 수치가 생각지도 못한 가치를 만들어낸다.

3) 창의력: 4차 산업혁명시대의 필수 역량

바틀비 게인스는 고교 졸업반이다. 대학에 가기 위해 여덟 개 대학에 지원했지만 모두 입학 불합격 판정을 받는다. 바틀비 게인스는 비슷한 처지 친구들과 고민에 빠진다. 어떻게 이 난관을 극복하여 대학 커리어도 쌓고 여자 친구에게도 당당해질 수 있을 것인가?

이들이 내린 결론은 직접 대학을 설립하는 것이었다! 단순히 자신들을 위해 '사우스 하몬 기술대학교'라는 가짜 대학을 오픈한 첫날, 바틀스 게인스 친구들은 깜짝 놀랄 사실을 발견한다. 자기들처럼 대입 불합격 통지서를 받았던 엄청난 사람들이 이 대학 입학을 위해 찾아온 것이다. 이제 상황은 걷잡을 수 없이 돌아가고, 주위의 명문 대학생들이 의혹의 눈초리를 보내는 가운데, 바틀비 게인스와 친구들은 '학생이 곧 교수'라는 황당한 룰을 설정해 이 가짜 대학을 유지해간다. 영화 〈엑셉티드 Accepted〉의 줄거리다.

사실 이 영화는 현실성이 없다. 하지만 비현실적인 설정 덕분에 오히려 현실에서 말하기 어려운 진실을 말하려고 하는 것 같다. 비현실적인 상황을 통해 진실을 표현하려는 영화감독의 창의적인 생각에 공감이 가는 영화였다.

학교나 기업교육에서도 창의력을 많이 강조한다. 우리는 왜 창의적인 교육이 안 되는지 많은 전문가들이 고민을 한다. 그렇다면 왜 창의 교육이 안 되는 걸까?

여러 이유가 있겠지만 교육 시스템의 문제라고 지적하고 있다. 모든 국민이 주입식 교육을 받았기 때문에 창의성 교육이 필요한지 잘 모르는 것 같다. 이러한 창의성 교육의 필요성을 모든 국민이 인식하려면 사회 전체가 이를 위한 도전을 허용할 수 있는 사회가 되어야 한다.

EBS에서 방영된 창의력 관련 프로그램 실험 내용을 한번 보자. 아이들을 대상으로 실험을 해 보았다. 한 반에는 재료와 주제를 각자 선택하게 했고, 다른 반에는 재료를 선생님이 직접 나눠주었다. 그러고 나서 쉬는 시간을 주었는데 자신이 선택한 재료를 가지고 표현하는 아이들은 쉬는 시간에 자기 작품을 만드느라 시간을 보내기 바빴고 다른 반 아이들은 각자 노느라 바빴다. 결과도 자신이 스스로 재료를 선택한 아이들이 작품에 훨

씬 다양한 아이디어를 적용했고 창의적이었다.

이 실험의 본질은 무엇일까? 그것은 창조 과정 전체에 참여하느냐, 일부분에 참여하느냐다. 이것이 창의성을 결정짓는 것이다. 창의 교육은 남이, 혹은 스승이 만들어준 문제에 답을 찾는 것이 아니라 학생이 스스로 생각하여 문제를 만들고 정의하고 도전하는 과정에서 동기부여와 에너지를 생성할 수 있다.

창의력 향상을 위한 문화와 환경

창의적인 교육을 하려면 학생도 노력해야겠지만 교수자가 학생들에게 창의적인 교육을 하려는 노력을 해야 한다. 창의적인 교육을 하려면 많은 생각과 준비 등 부담이 있다. 그래서 창의적인 교육이 어렵다. 그렇기 때문에 교수자에게 좀 더 편리하게 창의적인 교육을 할 수 있는 환경을 만들어 주어야 한다. 교육에서 매우 중요한 역할을 하는 사람은 교수자이기 때문이다. 교수자가 창의성 교육을 할 수 있도록 제도 개선과 지원이 필요하다. 예를 들면, 교수자가 행정부업무의 부담을 덜 수 있도록 기본적인 지원체제가 마련되어야 하고 교수자에게 자율성을 주어야 한다.

운동경기로 이야기하면 지금은 우리 학생들의 체력을 키우기 위해서 "100미터 달리기만 해라" 라고 정해놓고 모든 교수자들이 학생들에게 100미터 달리기만 가르치는 것과 같다. 이 학생들의 체력을 키우기 위해서는 100미터 달리기뿐만 아니라 오래 달리기도 하고, 높이뛰기도 하고, 오래 매달리기도 하고 여러 가지 방법으로 향상시킬 수 있다. 그 목적을 달성하려면 다양한 방식으로 그런 자율권을 교수자가 가져야 된다.

그러나 현재는 제도화된 틀에 의해서 같은 경주를 하도록 되어 있기 때문에 어떤 새로운 시도를 교수자가 자율적으로 할 수 있는 그러한 시스템이 아니다. 따라서 교수자가 자율적으로 새로운 시도를 할 수 있도록 제도적인 변화를 주어야 한다.

학교에서 평가는 학생의 지식평가를 중심으로 평가가 이루어지는 문제가 있다. 학생들의 창의성이 평가받는 기회가 없는 현실도 문제다. 지금 수행평가는 너무 단기적이고 짧은 호흡의 평가다. 그 수행평가로는 창의성 교육이라고 하는 큰 틀에서 학생들 창의 능력 계발을 도와주는 데 그다지 효과적이지 않다. 창의성 교육이 제대로 시행되고 정착되려면 모든 국민이 창의성 교육의 필요성에 대해 적극적인 인식이 필요하다. 우리는 대학에 갈 때 한 번 실패하면 끝나버리고 대학 졸업 후 취업하는 경우에도 한 번 적기를 놓치면 두 번의 기회가 주어지지 않는 문화 속에 있다. 이러한 풍토에서는 우리 국민이 창의적으로 도전하여 의미 있는 결과를 만드는 데에 한계가 있다.

창의적인 능력을 키운다는 것은 단순히 주어진 것을 소비하는 것이 아니라 그것을 바탕으로 무언가를 만들어낸다는 것을 전제하는 것이다. 우리 교육환경은 생산보다는 소비를 강조한다. 이러한 환경에서는 창의적인 인재가 나오기 어렵다고 생각한다. 지식의 소비를 강조하는 교육문화는 '많이 배우기' 이다. 학창시절을 돌아보면 많은 교과목과 방대한 양이다.

우리나라 학생들이 배우는 학습량, 즉 교육과정에서 다루는 양을 보면 창의 교육이 강조되는 선진국에 비해서 월등히 많다. 많은 양을 공부하다보면 깊이 있게 오랫동안 생각할 수 있는 시간을 가질 수 없다. 깊이 있게 몰입해서 생각할 수 있는 기회를 갖지 못하고 나만의 생각, 창의적인 생각을 경험하기는 어렵다. 너무 많은 것들을 배우도록 하는 환경이 문제다.

컨설턴트이자 작가인 커스티 그로브스Kursty Groves는 사람이 창의성을 촉진하는 환경 네 가지를 제안했다. 첫째, 생각을 자극하는 환경, 둘째, 생각하는 환경, 셋째, 협력하는 환경, 넷째, 유희하는 환경, 즉 노는 환경이다. 이런 네 가지 요소가 창의적으로 사고하고 창의적인 결과물을 만들어내는 데 중요한 환경적 특성이라는 것이다.

우리 교육 환경은 이러한 사고를 자극하기보다는 점차 둔감화시킨다. 있는 그대로 받아들여야지 무엇을 자극해서 새로운 것을 생각해서는 안 되게 한다. 무엇인가 곰곰이 그 의미를 생각하는 것보다 내가 들은 내용 내가 본 내용을 기억하는 것을 강조한다. Reflect깊이 곰곰이 생각하다가 아니라 Remember단순기억이다. 생각하는 것이 아니라 기억하는 것을 강조하는 환경이다.

또한 서로 아이디어를 나누기 위해 협력하는 것이 아니라 누군가를 이기기 위해 경쟁하는 환경이다. 내 것은 절대 가르쳐주면 안 된다. 노트도 보여주면 안 된다. 경쟁을 촉진하는 환경이다. 또 즐겁게 뭔가를 나눌 수 있는 환경이 아니고 일만 하는 환경이다. 오로지 일이다. 해야만 하는 것, 그것이 일이다. 이러한 상황 속에서 즐겁게 무엇인가를 도전한다는 것은 쉽지 않다.

문화와 환경이 바뀌어야 사람이 변화될 수 있다. 우리 교육환경은 사람을 자유롭게 하는 환경이 아니라 사람을 가두는 환경이다. 따라서 앞으로 고민은 우리가 창의인재를 육성한다고 할 때 '어떻게 교육 환경을 변화시킬 것인가?' 거기에 대해서 좀 더 많은 사회적 논의와 고민이 있어야 된다고 생각한다.

영재가 되기 위한 8가지 조건

최근 들어 미디어 등에서 영재에 대한 관심이 부쩍 늘어나고 있다. 어학, 음악, 미술은 물론 스포츠 부문에서도 조기교육 열풍이 불고 있다. 미국 시카고대학 블룸 교수는 세계적으로 업적을 이뤄낸 운동선수, 과학자, 예술가 등 120명에 달하는 영재들과 그 주변사람들을 조사했는데 이들로부터 다음과 같은 특징 여덟 가지를 찾아냈다. 말하자면 영재가 되기 위한 조건 여덟 가지를 찾아낸 셈이다. 자녀에 대한 교육열이 어느 나라보다 높은 우리에게는 좋은 지침이 될 것 같다.

첫째, 부모가 성공모델이었다.

'부전자전', '모전여전' 이라는 말이 있듯이 이들에게는 그런

활동을 좋아했거나 또는 그 분야에 조예가 깊은 가족이 있었다. 모차르트는 아버지가 음악교사였으며, 뛰어난 테니스 선수인 존 맥켄로나 스테파니, 그라프는 테니스를 좋아했던 아버지로부터 테니스를 배웠다. 한 집안에서 영재가 탄생하려면 우선 부모가 그것을 좋아해야 그런 가풍 속에서 따라 배우고 닮는 데서 비롯된다고 보면 된다.

둘째, 아주 어려서부터 시작했다.

이들은 활동을 어려서부터 시작했다. 예를 들어 모차르트는 네 살에 작곡을 했고, 테니스의 여왕 그라프는 네 살에 테니스를 시작했다. 진화론의 다윈은 아주 어려서부터 아버지의 식물 채집을 따라다녔다.

셋째, 집안에서 그런 일이 다반사였다.

동양인으로서는 최초로 백악관 인권담당 차관보가 된 고홍주 씨 가족 이야기다. 이 가족은 미국에서 모범적인 가정으로 선정되기도 했는데 어머니인 전혜성 교수를 비롯 전 가족이 박사학위를 가지고 있다. 그런데 이 가족의 교육법은 특이하다. 전혜성 교수는 아이들에게 공부하라고 성화를 내거나 화를 낸 적이 없다고 한다. 그런데도 이 집 아이들은 하버드 등 미국 명문대에서 박사학위를 따고, 큰 아들 고경주와 셋째 아들 고홍주는 미국 행정부의 차관보가 됐다.

전혜성 교수는 아이를 키우면서 '1인 3역'을 하면서 박사 학위를 따야 했기 때문에 가능한 매일 틈만 나면 공부를 하기 위해 책을 읽어야 했다. 이런 집안 분위기 속에 아이들은 저절로 공부를 했다고 한다. 누가 시켜서 한 것이 아니라 공부하는 것은 가족들에게 흔한 일이었기 때문이라는 것이다. 이런 환경 속에서 아이들은 자발성, 인내심, 내적 동기를 키워가며 훌륭하게 성장했다고 한다.

넷째, 세 단계에 걸친 스승이 있었다.

영재들에게는 유아기, 아동기, 청소년기에 걸쳐 훌륭한 스승이 있었다고 한다. 이들은 스승으로부터 기초적인 기능, 전문적인 기량, 전문적인 스타일과 철학을 배워 대성한 것이다. 다시 말해 유아기 때는 부모, 초 · 중 · 고교 때는 선생님, 청년기에는 교수라는 선생님이 있었던 것이다.

다섯째, 남다른 연습과 수련기간이 있었다.

연습만이 천재를 만든다는 말이 있다. 영재들은 초등학교 때 그 일을 주당 15시간, 중·고교 시절엔 주당 25시간에 달하는 시간을 투자했다고 한다. '정트리오'로 유명한 정명훈 씨는 어려서 피아노를 배웠는데 피아노 치기를 너무 좋아해서 피아노 건반에서 자는 게 하루 이틀이 아니었다는 유명한 일화가 있다. 좋아서 미칠 정도로 해야 바로 영재 소리를 들을 수 있는 기본을 갖춘 것이 된다.

루터 버뱅크는 식물 연구에 운명을 걸었고, 토머스 에디슨은 발명에 운명을 걸었다. 헨리 포드는 자동차에 운명을 걸었고, 마리 퀴리는 화학 연구에 운명을 걸었다. 말하자면 이들은 자신들이 좋아서 한 일을 인생을 바쳐 성공한 영재들이다.

여섯째, 하고 싶어 하는 자발성이 있었다.

영재들은 하라고 하면 안 하고, 하지 말라고 하면 한다. 그러니까 "이래라! 저래라!" 하는 간섭을 싫어하는 이들이다. 그래서 학교 교육을 싫어하는 편이다. 일본 닌텐도의 야마우치 사장, 세가엔터프라이즈의 나카야마 사장, 교세라의 이토 사장, 무라다 제작소의 무라다 사장, 미국 애플의 워즈니악 사장, 마이크로소프트의 빌 게이츠 사장 등 이들은 자신이 하는 일에 미쳐

와세다, 지바대, 하버드대, 버클리대 등 명문대를 중도에 포기한 괴짜 성공 기업인이다.

일곱째, 강한 내적 동기가 있었다.

싫어하는 일을 할 때 소비되는 에너지는 좋아하는 일을 할 때보다 10배가 소모된다고 한다. 영재는 일의 쓸모보다는 일의 재미에 흠뻑 빠져 있는 이들이다. 돈을 벌기 위해 한다든가 아니면 소위 출세를 하기 위해 한다든지 하는 생각은 아예 없다. 일 그 자체가 목적이고 일이 좋아서 매달리는 마니아들이다.

여덟째, 후견인의 희생이 따랐다.

영재가 되기 위해선 비싼 대가를 치러야 한다. 박세리 선수나 김연아 선수를 보면 알 수 있듯이 영재가 탄생한 가정에서는 부모의 희생이 뒤따랐다. 영재는 자신의 일에 열중한 나머지 대개 세상사에 어둡다. 그들을 챙겨줄 후견이 있어야 한다. 바로 영재는 후견인의 희생을 먹고 자란 셈이다.

창의력은 예전부터 주로 예술가들이나 발명가들에게 사용되어 왔다. 모차르트, 레오나르도 다빈치, 알베르트 아인슈타인,

에디슨, 라이트 형제, 알프레드 노벨 등 예술가건 발명가건 이 사람들은 창의력을 유감없이 펼쳤다. 그렇다면 이 창의적인 사람들은 어떤 습관을 가지고 있었을까? 일반인들과 다른 특별한 습관이 있을 줄 알았는데 알고 보니 '아이디어', '메모 습관', '고정관념 깨기' 등 누구나 할 수 있는 습관들이었다.

레오나르도 다빈치는 자신의 관찰과 아이디어를 이른바 '다빈치 노트'에 메모했다. 노트의 분량은 무려 11만 3천 장에 이른 것으로 알려진다. 이 가운데 1만 3천 장이 현재까지 남아 있다. 예를 들어 코를 관찰하고 남긴 메모 내용은 이렇다.

"코에는 일직선으로 내려온 것, 매부리 같은 것, 평범한 것, 각진 것 등 앞에서 보면 10종류, 옆에서 보면 11종류가 있는데……."

이렇듯 창의적인 사람들은 모두 아이디어와 영감을 기록하기 위해 일지와 노트를 사용했다.

SBS TV 방송 중에〈생활의 달인〉이라는 시사교양 프로그램이 있다. 어이가 없고, 기가 막혀서 웃음이 나올 수밖에 없는 우리 생활 속의 달인들이다. 타이어 쌓기 달인은 트럭에서 타이어를 내린 후 한 발짝도 움직이지 않고 꽤 멀리 떨어져 있는 창고에

타이어를 차곡차곡 쌓는 놀라운 기술을 보여준다. 접시 600장을 10분이면 닦는 접시 닦기 달인, 10미터 이상 스티로폼 쌓기는 물론 9개까지 들어 한꺼번에 던져 쌓아올리는 스티로폼 달인 등 어떻게 보면 생활의 달인들 역시 그 분야에 숙련된 것 뿐 아닌 창의적인 아이디어로 자신만의 노하우를 만들어냈기에 특별해진 것이 아닐까 생각한다.

창의성은 누구나 말할 수 있지만 창의적인 사람이 되는 것은 말처럼 쉬운 일이 아니다. 그러나 생활의 달인에서 달인들은 마치 아인슈타인의 'E=mc²' 라는 공식을 알고 있는 사람들 같았다. 에너지는 질량과 속도의 자승에 비례한다는 이론이다. 이는 에너지를 키우려면 내부역량을 확대하고 속도를 높여야 한다는 뜻이다. 만약 역량이 남과 비슷하다면 속도를 2배, 4배, 16배로 늘리면 된다. 그러면 앞선 사람을 따라갈 수 있고 성공할 수 있다. 여러분들도 충분히 창의적인 사람으로 성공할 수 있다.

창의적 사고를 위한 4 가지 생각 기법

많은 현대인이 창의적인 사람이 되기를 원한다. 한때 인문학은 창의적인 사고를 할 수 있다고 해서 인기가 많았다. 창의적인 사고는 어떻게 해야 일어날 수 있을까?

창의적인 사고를 할 수 있는 몇 가지 기법들에 대해 알아본다. 브레인스토밍, 브레인 라이팅, 스캠퍼, 트리즈 외 수많은 기법들이 있다. 물론 이 기법들을 알고 있다고 해서 모든 일에 창의적인 사고를 할 수 있다고 단정 지을 수 없다. 이 기법들 역시 많은 사람들이 이미 알고 활용하고 있는 방법들이다. 새로운 아이디어를 만들어내기 위한 창의적 사고 환경에 조금이나마 도움이 되었으면 한다.

1. 브레인스토밍

'브레인스토밍Brainstorming' 은 '두뇌 폭풍brain storm' 이라는 뜻으로, 1930년 미국의 알렉스 오스본이 계발한 사고기법이다. 아이디어들이 퍼지며 눈덩이 뭉쳐지듯 연쇄적으로 이어지기 때문에 '눈 굴리기snow bowling' 기법이라고도 한다. 여러 사람이 모여 아이디어를 창출하는 회의기법으로 사용된다. 브레인스토밍에는 세 가지 원리가 있다.

첫째, 한 사람보다 다수가 회의할 때 제기되는 아이디어가 많다.

둘째, 아이디어는 비판이 가해지지 않으면 많아진다.

셋째, 아이디어의 수가 많을수록 질적으로 우수하거나 독창적인 아이디어가 나올 확률이 높다.

브레인스토밍에는 많은 아이디어를 유도하기 위한 일곱 가지 진행 규칙도 있다.

첫째, 비판하지 마라.

브레인스토밍에서는 비판 없이 의견을 계속 펼쳐가는 데만 집중한다. 흠을 잡지 않고 어떤 의견도 받아들여지는 분위기 속에서 참가자들은 자유롭게 말할 수 있다. 의견에 대한 검토는 나중에 선별 단계에서 하도록 한다.

둘째, 질보다는 양이다.

많은 숫자의 아이디어가 나오면, 좋은 의견이 나올 확률도 높아진다.

셋째, 엉뚱한 의견도 환영하라.

'이 아이디어 괜찮을까?' 하고 망설이지 말고 바로 의견을 말하라. 기존과 다르게 바라보는 시각 속에서 새로운 방법이 보이기도 하고, 때론 최고의 해결책이 될 수 있다. 또 나 혼자 생각했다면 버려질 수도 있었던 아이디어가, 다른 사람에게 새로운 아이디어를 떠올려줄 수도 있다.

넷째, 남의 아이디어를 발전시켜라.

한 사람이 아이디어를 내면, 최대한 다른 사람의 아이디어에 살을 덧붙여라. 하나의 아이디어는 다른 사람의 아이디어가 더해져 더 좋은 아이디어로 만들어질 수 있다.

다섯째, 주제에 집중하라.

자유롭게 토의하다보면 주제와는 멀어지고 이야기가 산으로 가기 쉽다. 비판은 하지 않되, 주제의 테두리를 벗어나지는 말자.

여섯째, 판단을 늦춰라.

판단은 비판을 부른다. 판단은 나중으로 미뤄라.

일곱째, 타인이 말할 때 끼어들지 마라.

타인이 말하는 중이라면 그것은 브레인스토밍에서 중요한 의견 수를 늘리는 중인 것이다. 발언 중간에 끊지 말고 모두 끝난 후에 자신 의견을 말하라.

2. 브레인라이팅

'브레인라이팅Brain Writing'은 1968년에 독일의 베른트 로르바흐Bernd Rohrbach 교수가 브레인스토밍 문제점을 극복하기 위해 창안했다. 브레인스토밍이 사람들이 모여 이야기하며 아이디어를 발상하는 방법이라면, 브레인 라이팅은 조용하게 종이에 생각을 적어나가며 아이디어를 발상한다. 브레인스토밍 방식과 비슷하지만 글로 먼저 자기 생각을 적고 그 내용을 기반으로 하여 다른 이들의 생각을 적어나간다는 점에서 효율적이다.

이 기법을 일명 '6·3·5법'이라고도 한다. 즉, 6명의 참가자가 각자 3개의 아이디어를 5분 내에 적는 방식이라는 의미다. 한 장의 종이에 주제와 관련하여 생각나는 의견이나 아이디어를 쓰고 5분 또는 3분이 지나면 옆 참가자에게 시트를 전달한다. 시트를 받은 참가자는 적혀 있는 아이디어를 발전시켜서 추가로 3개의 아이디어를 적는 방법으로 진행한다.

구분	아이디어 A	아이디어 B	아이디어 C
참여자 1			
참여자 2			
참여자 3			
참여자 4			
참여자 5			
참여자 6			

〈 '6 · 3 · 5법' 아이디어 작성 시트〉

이와 같은 과정을 아이디어가 떨어질 때까지 하고나면 모든 참가자가 그 아이디어를 소유하게 된다. 과정 후에는 나온 의견들 중 좋은 아이디어를 각각 다섯 개 정도 뽑아서 참가자 전원이 평가하고 채택할 수 있다.

브레인라이팅의 장점은 특정 개인의 지배적인 영향이 줄어든다는 것이다. 예를 들면 회사에서 발언을 통해 의견을 모은다면 팀장님 뜻대로 가기 마련이지만 모두가 공평하게 적으며 누가 적었는지 모르는 상황(무기명)이라면 자유롭게 의견 개진이 가능해진다. 누군가가 발표할 동안 자신이 아이디어를 생각하는

데 방해받지 않으며 모두의 참여를 이끌어낼 수 있다. 또한 서로 잘 모르는 참여자들이라면 편안한 의견 교환이 어려울 수 있으므로 첫 대면하거나 서먹서먹한 사람들끼리 의견을 모을 때도 효과적이다. 브레인라이팅은 진행자의 역할이 중요하다. 브레인라이팅 후에 다함께 의견을 평가하고 선택하는 토론으로 이어지는 것이 좋다.

3. 스캠퍼

스캠퍼SCAMPER 기법은 대체Substitute, 결합Combine, 응용Adapt, 변형Modify, 다른 용도Put to another use, 제거Eliminate, 뒤집기Reverse의 앞 글자를 따서 만들어진 용어다. 사고의 영역을 일정하게 제시함으로써 구체적인 생각이나 계획들이 나올 수 있도록 유도하는 아이디어 창출 기법의 하나다. 일곱 가지 단어들에 대한 의미를 하나하나 알아보자.

첫째, 대체하기

기존 것을 다른 것으로 대체하면 어떻게 될지에 대한 질문이다. 기존에 철을 소재로 했던 젓가락을 나무로 대체한 '나무젓

가락' 사례가 있다.

둘째, 결합하기

두 가지 이상의 것들을 결합해 새로운 것을 생각하기 위한 것이다. 복사와 팩스, 스캔의 기능이 결합된 복합기가 그 사례다.

셋째, 응용하기

어떤 것을 다른 분야의 조건이나 목적에 맞게 응용하는 것이다. 식물의 씨앗이 옷에 붙는 원리를 이용한 벨크로찍찍이가 대표적인 사례다.

넷째, 변형하기

어떤 사물의 특성, 모양 등을 변형, 확대, 축소하여 새로운 것을 생성할 수 있도록 하는 것이다. 컴퓨터와 노트북을 간소화해 휴대하기 쉽게 만든 아이패드가 하나의 사례다.

다섯째, 다른 용도로 활용하기

어떤 물건이 다른 용도로 사용될 가능성을 생각하도록 하는 질문이다. 대표적인 예로는 포스트잇이 있다. 포스트잇은 잘 떨어지는 불량 접착제를 처리하기 위해 발명한 것이라는 사실은 이미 많이 알려진 사례다.

여섯째, 제거하기

어떤 것의 일부분을 제거해 봄으로써 새로운 것을 생성해 낼수 있도록 하는 것이다. 대표적인 사례로는 자동차의 지붕을 없애고 스타일을 획득한 '컨버터블오픈카'가 있다.

일곱째, 뒤집기

주어진 것의 순서나 모양 등을 거꾸로 해보거나 다시 배열해보는 것이다. '발가락양말'이 그 사례다.

4. 트리즈

트리즈TRIZ 기법은 1940년대 옛 소련 과학자 겐리흐 알트슐레르 박사가 20여 만 건에 이르는 전 세계 창의적인 특허를 뽑아 분석한 결과로 얻은 40가지 원리를 응용한 것이다.

트리즈는 주어진 문제에 대하여 얻을 수 있는 가장 이상적인 결과를 정의하고, 그 결과를 얻기 위해 관건이 되는 모순을 찾아내어 그 모순을 극복할 수 있는 해결책을 생각해내도록 하는 방법에 대한 이론이다.

예를 들어 전사품질관리TQM나 6시그마와 같은 기존 혁신기법은 주로 품질개선과 원가절감에 초점을 맞추고 있는 반면, 트리즈는 제품 구성이나 생산라인, 작업 시스템 등을 통째로 바꾸는 창조적 혁신을 추구한다.

더운 여름날 마당에 물을 뿌리면 물이 기화되면서 주변의 열을 흡수하기 때문에 시원해지는 효과를 얻을 수 있다. 이러한 원리처럼 우리 생활 주변에 트리즈 원리가 적용된 사례가 많이 있을 것이다. 그 40가지 원리가 무엇인지, 그리고 우리 생활에 어떻게 응용되었는지에 대해 알아보겠다.

1) 분할

나누거나 쪼개서 사용하는 방식. 집에서 사용하는 반찬통 같은 경우가 하나의 상자를 칸으로 나누어 사용했기 때문에 분할의 원리에 해당된다.

2) 추출

필요한 것만 뽑아내서 쓰는 방식. 차와 같은 상품은 차의 향기 등만 추출하는 것이기 때문에 추출의 방식에 해당된다.

3) 국부적 품질

특정 부위만 다르게 하여 사용이 용이하게 변환하는 것. 집게 끝부분만 고무 재질로 바꿔 프라이팬에서 사용할 때 긁힘을 방지하도록 설계되었다.

4) 비대칭

양쪽을 다르게 하는 것. 주로 디자인 용도로 많이 사용된다. 특정 키보드의 경우에는 양쪽이 비대칭인 디자인 형태를 띠고 있다.

5) 통합

여러 작업을 한꺼번에 할 수 있는 방식. 빵틀은 한 번에 여러 개 빵을 만들 수 있어 통합의 원리에 해당된다.

6) 다용도

하나의 물건을 여러 용도로 사용하는 것. 맥가이버 칼은 다양한 것이 한꺼번에 있어 다용도로 사용이 가능하다.

7) 포개기

포개어서 보관하는 것. 코펠 같은 경우에는 포개기 방식을 사용하여 많은 냄비들을 수납하는 것으로 원리가 적용되어 있다.

8) 공중부양

무게를 피하는 방식. 위에 설치하는 조명이 대표적인 사례다.

9) 사전반대조치

나쁜 것으로 예방하여 피하는 방식. 일생생활에서 보는 예로는 주사를 맞기 전에 그 부위를 때려 통증을 감소시키는 사례가 있다. 구두에 주름을 박으면 처음에는 구두에 주름이 많이 가지만 신기가 편해진다.

10) 사전조치

미리 예방을 하여 방지하는 것. 모양자는 미리 모양을 내어 모양을 더 쉽게 그릴 수 있게 한다.

11) 사전예방 조치

사전에 예방 조치하는 것. 상하기 쉬운 음식 등을 미리 냉동시켜 상하지 않고 오래 보관할 수 있도록 하는 냉동식품이 사전예방조치에 해당한다.

12) 굴리기

저절로 올라가게 하는 시스템. 에스컬레이터는 굳이 직접 올라가지 않아도 되기 때문에 굴리기 예시에 해당한다.

13) 역방향

기존 방식과 반대로 하는 것. 거꾸로 돌아가는 팽이는 기존과 반대로 돌아가는 방식에 해당된다.

14) 곡선화

직선이었던 것을 곡선으로 바꾸는 것. 동그란 맨홀 뚜껑이 사례다.

15) 자유도 증가

부분마다 자유롭게 움직일 수 있게 하는 것. 기존 유선 키보드는 이동이 제한되어 있었지만 무선 키보드는 자유롭게 사용이 가능하다.

16) 초과나 부족

초과하거나 부족하게 하여 더 편리하게 사용하는 방식. 래쉬가드는 물의 저항을 최소화하기 위해 옷감을 부족하게 사용한 사례로 초과나 부족에 해당된다.

17) 차원 변화

2차원을 3차원으로 3차원을 2차원으로 변화시키는 것. 입체적인 것을 종이에 2차원으로 찍어내는 프린터가 차원 변화에 해당된다.

18) 진동

진동을 이용해서 제품을 사용하는 방식. 스피커는 진동을 이용하여 소리가 나는 대표적인 제품이다.

19) 주기적 작용

주기적으로 작용하는 방식. 사람이 올 때마다 열리는 자동문이 대표적인 예다.

20) 유용한 작용의 지속

유용한 작용을 쉬지 않고 계속하여 진행하는 것. 무한 잉크 프린터는, 잉크를 충전하여 계속하여 쓸 수 있다.

21) 급히 통과

유해하거나 빠른 것이 더 좋다면 빨리 진행하는 것. 충전기기는 빠를수록 좋기 때문에 고속충전기에는 급히 통과의 방식이 적용되어 있다.

22) 이이제이

안 좋은 것을 좋은 것으로 바꾸는 방식. 소음을 차단하여 더욱 잘 들리게 하는 노이즈 캔슬링 헤드폰이 있다.

23) 피드백

잘못된 것을 다시 고치는 것을 중점에 둔 방식. 도어락은 틀리면 다시 입력하게 되어 있어 대표적인 제품이다.

24) 중간 매개물

바로 하지 않고 중간 매개체를 한 번 거치는 방식. 문과 벽 사이 경첩 등은 문과 벽 사이를 더 부드럽게 이어주는 중간 매개물에 해당한다.

25) 셀프 서비스

스스로 기능이 수행되게 하는 것. 무인 드론은 스스로 움직이는 것으로 셀프서비스에 해당한다.

26) 복제

비싸고 불편한 것 대신 싸고 간단한 것으로 복사하는 것. 일반 그릇을 아이용으로 작고 간편하게 만든 소꿉놀이 장난감 세트 등이 해당한다.

27) 값 싸고 짧은 수명

값이 싼 대신에 짧은 수명이 적용된 것. 종이컵은 저렴하지만 한 번밖에 쓰지 못해 이 경우에 해당한다.

28) 기계 시스템의 대체

기계 시스템을 광학, 음향 시스템으로 바꾸어서 사용하는 것. 기계가 대신 해주는 자동 음식 주문 기계 등이 있다.

29) 공기 및 유압 사용

공기나 유압을 사용하는 것. 에어캡은 공기를 사용하여 물건을 보호하는 방식을 사용하여 이 경우에 해당한다.

30) 박막

얇은 막을 사용하는 것. 쿠킹호일은 얇은 막을 사용하는 제품이기 때문에 편리하게 사용이 가능하다.

31) 다공성 물질

구멍이 많이 뚫려 공기가 잘 통하게 하는 것. 스펀지는 미세한 구멍이 많이 뚫려 있어 통풍이 잘되는 다공성 물질이다.

32) 색깔 변화

색깔 변화 등으로 성질을 변화시키는 것. 사인펜은 여러 가지 잉크로 색깔을 변화시켜 만든 것이다.

33) 동질성

같은 재료를 사용하여 만드는 것. 같은 자석이지만 N극과 S극으로 나누어 사용하는 것이 동질성의 원리에 해당된다.

34) 폐기 및 재생

다 쓴 것을 버리거나 다시 재사용하는 것. 우유갑 같은 경우에는 재사용을 하는 제품이 많아 대표적인 예라고 할 수 있다.

35) 속성 변화

물질의 속성을 변화시키는 것. 마른 오징어는 건조시킴으로써 상태가 변화했기 때문에 속성 변화의 경우에 해당된다.

36) 상태 전이

상태가 변하는 것. 고체에서 액체로 변하고 액체에서 다시 고체로도 변환되는 아이스크림 등이 있다.

37) 열팽창

열을 받으면 팽창하는 원리. 빵에 들어가는 이스트는 열을 받으면 팽창하는 열팽창의 방식에 해당한다.

38) 산화제

반응의 속도를 증가시키는 것. 순간접착제는 바르는 순간 붙어 반응 속도가 증가한다.

39) 불활성 환경

환경을 변하지 않게 만드는 것. 냉장고는 음식이 상하지 않게 환경을 변화시키지 않아 불활성 환경에 해당한다.

40) 복합재료

복합적인 재료가 들어가 있는 것. 신발에는 고무와 천, 플라스틱 등이 들어가 복합재료에 해당한다.

지금까지 트리즈 40가지 원리를 찾아보았다. 어렵게만 느껴졌던 원리였는데 생활 주변에 있는 사례를 확인해보니 한결 더 쉬워진 느낌이 든다. 여러 분야에서 다양하게 적용하여 새로운 아이디어 창출 도구로 잘 이용하기 바란다.

4) 공감력: 갈수록 빠르고 복잡해지는 사회에 요구되는 역량

2018 러시아 월드컵 F조에는 한국과 독일, 멕시코, 스웨덴이 배정되었다. 전문가들은 독일이 1위, 멕시코가 2위로 조별 리그를 통과할 것으로 예측했다. 결과는 스웨덴이 1위, 독일이 4위로 꼴찌였다. F조야말로 죽음의 조였던 것이다.

조별 리그 마지막 경기로 FIFA 랭킹 57위인 한국과 FIFA 랭킹 1위인 독일의 경기는 불을 보듯 당연한 결과를 예상하고 있었다. 스포츠방송 ESPN이 자체 알고리즘 '사커 파워 인덱스'로 계산한 한국의 승률은 5%였다. 그러나 결과는 그 5% 확률을 100% 확률로 만들어버렸다.

추가 시간 9분 여 동안 2골을 몰아쳐 끝까지 포기하지 않는 투지와 열정을 보여 주었다. 비록 16강을 못 가더라도 축구다운 축구를 보고 싶었던 국민들은 환호했다. 그 환호는 승부다운 승부를 벌이겠다는 선수들의 투혼에 대한 국민들의 일치된 메아리였다.

경기가 끝나고 선수들이 스크럼을 만들어 하나가 되는 모습을 가슴 뭉클하게 끝까지 지켜보았다. 그때 독일 선수들은 모래

알처럼 한 명 한 명 흩어지고 있는 모습이 대조적이었다.

1,2차전 잇단 패배로 뭇매를 맞던 그 순간도 우리 선수들은 스크럼을 만들어 하나가 됐다고 한다. 이러한 모습이 '원 팀One Team' 이고 '원 스피릿One Sprit' 이다. 선수들이 하나가 되어 서로의 이야기를 들어주고 공감할 수 있었기에 아름다운 승리를 얻었으리라 생각한다. 한국 축구를 통해 공감력을 배울 수 있어 좋았다.

지금으로부터 100여 년 전 탐험대 두 팀이 각각 북극과 남극 탐험 길에 올랐다. 공교롭게도 두 팀 모두 갑자기 얼어버린 바다에서 배가 꼼짝도 못하는 지경에 처하게 됐다. 사방이 얼음으로 뒤덮인 살인적인 추위, 식량과 연료는 떨어져가고 외부와도 교신이 불가능한 상황이었다. 그러나 두 탐험대 운명은 달랐다.

1913년 8월 3일, 스테펀슨이 이끄는 캐나다 탐험대는 얼어붙은 북극 지역을 최초로 육로를 횡단하겠다는 목표를 세우고 출발했다. 그러나 그들이 탄 탐험선 칼럭호는 곧 단단한 빙벽에 부딪혀 부서지고, 오도 가도 못하고 그 자리에 고립되고 말았다. 비극의 원인은 자기 자신들에게 있었다.

조난이 길어지자 선원들은 서로 식량과 연료를 놓고 싸우고

도둑질하는 일상을 되풀이하며 서로를 적으로 만들어갔다. 이와 같은 팀의 붕괴는 결국 비극적 결과를 초래했다. 11명 승무원 모두 북극 얼음 황무지에서 전멸해버렸다. 실패가 곧 죽음으로 이어진 것이다.

그러나 정확히 1년 뒤 이와 같은 상황이 지구 반대편에서 발생했는데, 결과는 전혀 다르게 나타났다.

1914년 12월 5일 어니스트 섀클턴이 이끄는 남극 대륙 횡단 탐험대가 남빙양에 있는 사우스 조지아 섬에서 돛을 올렸다. 탐험대의 목적은 최초로 남극 대륙을 육로로 횡단하는 것이었다. 그러나 남극을 향하던 중 그들을 태웠던 탐험선 인듀어런스 Endurance호는 단단한 빙벽에 둘러싸이고 말았다.

대원들은 얼음에 둘러싸인 채 추위에 떨며 식량과 보급품 부족으로 고통을 겪어야 했다. 그러나 이 지옥과 같은 상황에서 대원들은 '팀워크', '희생정신' 그리고 서로에 대한 '격려'를 무기로 643일간 생존을 위한 사투를 벌인 끝에 28명 전원이 무사 귀환하는 전대미문의 역사적 기록을 세운다.

이 이야기는 섀클턴의 섬김 리더십과 리더를 중심으로 똘똘 뭉친 팀워크 중요성을 잘 말해준 사례다. 선장에게 선원들 신뢰만큼 무서운 무기는 없다. 위기일수록 배려하고 솔선수범하는 리더를 보고 어느 선원들이 공감하지 않겠는가? 훌륭한 선장과 선원들의 공감력이 북극 얼음 황무지에서 생존한 가장 큰 이유라고 생각한다.

소통과 공감력을 길러라

기자 출신 유인경 작가의 강연 내용에 의하면, 세계 여러 나라 장수지역 장수 비법을 오랜 세월에 걸쳐 조사한 결과 그 비법은 대화, 즉 '소통'이 큰 요인이었다고 한다. 개인과 세대와 문화를 통틀어 갈등 해결의 열쇠는 소통과 공감능력이라며 이를 향상시키기 위한 3가지 전략을 'ABC'로 정리했다.

첫째, 질문을 던져라Ask!

다가올 미래 사회는 인공지능과 함께 공존해야 하는 사회가 될 수 있다. 아무리 능력이 뛰어난 인공지능이라 해도 인간 능력을 따라오지 못하는 것이 바로 바로 '공감력'이다. 그런데 이 공감 시작은 바로 질문이라는 것이다. 그리고 그 질문의 시작은 바로 나를 알아가는 것부터 시작해야 한다.

'내가 원하는 것이 무엇인가?', '나는 나답게 잘 살고 있는가?' 등의 질문에 각자에게 맞는 답을 찾아가는 것이다. 나 스스로를 잘 아는 사람이 다른 사람과 소통도 잘하고 공감도 잘 하게 된다는 원리다.

둘째, 믿음이다believe!

이 또한 자기 스스로를 믿는 것부터 시작한다. 나는 다른 사람에게 호감을 주는 존재다. 누군가 나를 욕하고 싫어하는 것에 대해 신경을 쓰지 말라는 것이다. 어차피 나라는 존재가 모든 사람에게 호감일 수는 없기에 어쩔 수 없는 것에 신경 쓰며 스트레스 받지 말라고 한다. 더구나 나를 싫어하는 사람이 있다면 거기에 에너지를 소모하지 말고 나를 좋아하는 사람한테 더욱 신경 쓰고 소통해야 한다. 또한 자신의 능력을 믿고 자신감 있게 당당하게 사는 것도 중요하다.

셋째, 유쾌하고 밝은 에너지cheerful!

긍정적이고 밝고 경쾌하게 살라고 한다. 스트레스를 받으면 암에 걸릴 확률도 높고 모든 병의 근원이 된다. 그리고 남과 비교하지 말라! 남을 부러워할 필요가 없다. 세상에 완벽한 사람은 없다. 모든 사람에겐 고통이 있고 결핍이 있다. 세상을 다 가진 것 같던 사람도 결국엔 고통이 있게 마련이다. 그러니 남과 비교하며 속 끓이며 살지 말라는 것이다.

세상이 그렇게 불공평하지만은 않다. 모든 사람에게는 고통 총량의 법칙이 존재한다. 돈이 많다고 권력이 있다고 무조건 행복한 것만은 아니다. 모든 행복은 생각하기 나름이다. 본인 스스로와의 소통과 공감이 가장 중요하다.

강철왕 카네기가 어렸을 때 일이다. 우연히 얻은 토끼가 새끼를 여러 마리 낳았다. 갑자기 횡재를 한 셈이었지만 그에게 한 가지 고민이 생겼다. 대가족이 된 토끼 식구에게 줄 먹이를 마련하는 일이 간단치가 않았던 것이다. 궁리 끝에 친구들을 불러 모았다.

"애들아, 이 토끼들한테 이름을 붙이고 싶지 않니? 우리 각자 이름을 붙여서 누구 토끼가 제일 잘 자라나는지 한번 보도록 하자!"

그러자 친구들은 마치 자기 토끼라도 생긴 듯이 각자 풀을 잔뜩 뜯어 와서 자기 이름이 붙은 토끼에게 정성껏 풀을 먹였다. 카네기는 어린 친구들에게 이름이라는 매개체를 통해 공감력을 이끌어낸 것이다.

우리는 누구나 다 자신의 이름을 불러주면 좋아한다. "내가 그의 이름을 불러주었을 때 그는 나에게로 와서 꽃이 되었다"는 김춘수 님의 시처럼 말이다. 타인들이 공감하는 요소를 잘 아는 사람 주변에는 항상 사람들이 많이 모인다.

카네기가 유명한 철강업자가 된 다음의 일이다. 새롭게 개발한 강철 레일을 팔려고 하는데 구매자가 선뜻 나서지를 않았다. 그는 어린 시절에 겪었던 '토끼풀 사건'을 떠올렸다. 그리고 당시 강철 레일 구매를 놓고 망설이는 사장의 이름이 에드거 톰슨이라는 정보를 입수했다. 카네기는 피츠버그에 큰 제강소를 건설하면서 제강소 이름을 과감하게 '에드거 톰슨 제강소'라고 붙였다. 그러자 에드거 톰슨은 크게 기뻐하면서 자신의 이름이 붙은 제강소로부터 강철 레일을 사들이는 계약을 흔쾌히 받아들였다고 한다. 구매자로부터 공감을 이끌어내기 위한 카네기의 탁월한 지혜를 배울 수 있는 이야기다.

공감력을 기르는 3가지 방법

혹시 자신이 공감력이 떨어진다고 생각한다면 다음 세 가지 방법을 추천한다. 꼭 실천해서 타인을 이해하고 공감하는 능력을 향상시키기 바란다.

첫째, 독서를 꼭 실천해야 한다.

우리가 글을 읽거나 들으면 그 속에서 각자 경험과 학습에 의한 상상력을 발휘하게 된다. 예를 들어 산길에서 호랑이를 만났다고 했을 때 머릿속에는 이미지도 떠오르지만 이런 상황에서 가지게 될 감정에 대해서도 느끼게 된다.

그래서 우리는 독서를 하면서 보고 읽는 내용으로 자신의 감정을 활성화할 수 있다. 이렇게 활성화된 감정이 원활하게 작동할 때 우리는 다른 사람의 이야기와 상황, 모습 등을 보면서 자연스럽게 감정 반응을 하고, 감정 반응이 원활할 때 비로소 우리는 공감을 잘할 수 있다.

그러므로 독서는 매우 중요하다. 특히 과학서적이나 기술서적보다 인문서적을 추천한다. 인문서적은 인간에 대한 이해와 감정에 대한 공감훈련을 하기에 좋은 기회가 된다. 그런데 많은 사람들은 학교 졸업 후 책과 멀어진다. '시간이 없다', '책값이 비싸다', '다 아는 이야기다' 등의 이유로 자신을 합리화하고 핑계를 댄다. 공감능력을 향상시키려면 반드시 독서를 실천해야 한다.

둘째, 대화 능력과 기술을 향상시켜야 한다.

여기서 주의해야 할 것은 '말을 잘 한다'는 것과 '대화를 잘 한다'는 것은 다르다는 점이다. 예를 들어 지시를 잘 내리는 사람들의 경우, 말은 잘할지 모르나 대화의 능력에 대해서는 다시금 체크를 해봐야 한다.

대화란 일방적일 수 없다. 대화를 하기 위해서는 상대방이 있고 그 상대방과 주고받는 기술이 필요하다. 질문을 했으면 답을 해야 하고 답을 얻기 위해서는 질문을 해야 한다. 자문자답하는 방식도 있지만 일반적으로 대화를 잘한다는 것은 최소한 두 사람 이상이 주고받는 말 속에서 이루어지는 과정이다. 이러한 과정 속에서 능수능란한 대화 능력이 없으면 공감을 주고받기에는 한계가 있게 된다.

그러면 왜 대화 능력이 떨어지는 것일까?

여러 가지 원인이 있을 수 있으나 대표적인 것이 바로 선입견과 고정관념으로 인한 방해를 손꼽을 수 있다. 자신의 주장에 대해 강한 확신이 있는 사람들의 경우, 다른 사람들의 주장에 대해서는 평가절하하거나 인정하려는 마음의 여유가 없다. 그래서 자신의 주장은 잘할지 모르나 상대방의 주장에 대해서는 자신과 다른 주장을 할 경우, 잘 수용하지 않으려 한다. 그렇기 때문에 공감을 이룰 수 있는 기회가 사라지는 것이다. 나와 다른 관점과 신념을 가졌다고 하더라도 그들의 주장에 귀 기울일 줄 아는 사람이라면 서서히 공감능력이 생길 수 있다.

셋째, 자신의 감정을 잘 표현해야 한다.

공감력이 떨어지는 사람은 감정 표현이 서툰 경우가 많다. 그래서 감정을 잘 표현하지 않으려 하고, 억압하려 한다. 감정을 드러내는 것에 대해 자신감의 하락이나 자기 비하적인 사고를 할 수 있다. 그래서 자기 수준에서 다른 사람의 감정도 파악하고 수용하려 한다.

예를 들면 내가 배부르면 다른 사람도 배부른 줄 안다. 내가 이 정도 감정 표현을 하면 다른 사람도 그 정도의 감정 표현만 해야 한다고 생각한다. 자신의 용량만큼만 다른 사람의 감정 표현을 수용하려고 한다. 이러한 상황에서는 상대방의 감정 표현이 풍부하더라도 공감 용량이 부족한 탓에 제대로 공감할 수 없는 것이다.

따라서 대인관계 속에서 공감을 하고 싶어도 그 공감의 깊이나 크기가 매우 제한적일 수밖에 없다. 이러한 감정의 한계를 극복하기 위해서는 자신의 감정을 억누르지 말아야 한다. 우선 가까이 있는 사람들부터 자신의 솔직한 감정표현을 생활화해야 한다.

"팀보다 강한 개인은 없다."

맨유 퍼거슨 감독은 늘 이런 이야기를 했다고 한다. 착한 사람은 늘 역지사지를 한다. 입장을 바꿔 놓고 생각하는 것을 잘한다. 착한 사람의 인생 방정식 '공생필생, 독생필사共生必生, 獨生必死, 함께 살려고 하면 반드시 살고, 혼자 살려고 하면 반드시 죽는다'를 배워라. 이런 말도 있다.

"빨리 가려면 혼자 가고, 멀리 가려면 함께 가라!"

나 홀로 세대가 늘면서 혼밥 등 '혼' 자가 들어가는 게 많은 세상이다. 그러나 세상은 '혼자'가 아닌 '함께'다. 서로 위로하고 공감하며 같이 가야 가치가 있다. 이젠 리드Lead가 아니라 위드With다.

5) 통찰력: 끊임없는 연구로 새로운 패턴을 발견하는 역량

아주 희미한 흔적과 단서만으로 일어났던 일들을 척척 알아맞히는 셜록 홈즈에 버금가는 유대인 랍비 이야기가 있다. 이 유대인 학자는 우크라이나 남부의 오데사에 살고 있었는데, 어느 날 모스크바로 향하는 기차 안에서 처음 만난 어떤 남자 이름을 정확히 알아맞힌다. 한마디 질문도 하지 않고 말이다. 어떻게 이게 가능했을까?

다음은 이 남자의 추리 과정이다.

이 친구, 촌사람처럼 보이지는 않는데, 아마도 이 지역 출신일 거야. 그렇다면 틀림없이 유대인이겠군. 왜냐하면 이 지역은 유대인 구역이거든. 그럼 이 친구는 어디로 가는 것일까?

모스크바에 갈 수 있도록 허가받은 사람은 이 지역에서 나 혼자뿐인데……. 아니, 잠깐만, 모스크바 외곽에 삼벳이라는 작은 도시가 있지. 그리고 그곳에 가려면 특별히 허가를 받아야 하는 것도 아니잖아. 그럼 거기에는 왜 가는 것일까?

아마 거기에 살고 있는 가족을 방문하러 가는 길일 거야. 그 도시에는 딱 두 가족만 살아. 번스타인 가족과 스타인버그 가족이지, 번스타인 가족은 서로 찾는 분위기는 아닌데……. 그럼 이 젊은이는 틀림없이 스타인버그 가족을 찾아가고 있구면…….

그런데 왜 가는 것일까? 스타인버그 가족에게는 딸들만 있어. 그러니까 아마 그는 사위이겠지. 그렇다면 몇 번째 딸의 사위일까? 사라는 부다페스트 출신의 괜찮은 변호사와 결혼했고, 에스더는 자도미르 출신의 사업가와 결혼했어. 아마도 사라의 남편이겠군. 그렇다면 이름은 알렉산더 코헨이겠네. 그의 고향인 부다페스트는 반유대주의가 팽배해 있으니 아마 이름을 바꾸었을 거야. 헝가리 말로 코헨이 뭐지? 그래, 코박스야! 안녕하세요, 코박스 씨!"

통찰은 관찰에서부터 시작된다

이런 행동을 통찰이라고 한다. 도대체 통찰이란 무엇일까? 통찰은 영어로 'insight' 다. 이것을 나누어 보면 'in+ sight' 가 된다. 그러니까 통찰이란 안목, 즉 'sight' 에다 'in' 을 덧붙인 것이다. 말하자면 좀 더 안을 들여다보는 것이라고 할 수 있다.

좀 더 안을 들여다보기 전에 겉을 먼저 살피는 일을 '관찰'이라고 한다. 관찰은 통찰을 얻기 위한 기본과정이고 가장 먼저 선행되어야 한다. 즉, 관찰 없이 통찰은 없을 것이다. 해당 분야의 전문지식과 관찰이 누적되어 통찰을 발휘할 수 있다.

관찰은 어떤 대상이나 현상을 주의 깊게 살펴보는 행위를 말한다. 관심을 두고 유심히 바라보면 이전에는 보이지 않던 새로운 규칙과 패턴이 보인다. 서로 떨어져 있던 단편적인 사실들이 연결되면서 새로운 관점에서 어떤 의미 있는 것으로 다가오기도 한다. 예리한 관찰력은 그 사람의 경험적 지식과도 밀접한 관련이 있다.

복잡하게 뒤얽힌 세상에서 경험이 풍부하고 박학다식한 사람이야말로 의미 있는 정보를 더 많이 발견해낼 수 있다. 따라서 더 많은 지식을 두루 섭렵하여 관찰력을 높여야 한다. 얼마나 뛰어난 관찰력을 가졌는지 여부에 의해 한 사람이 얻을 수 있는 정보의 많고 적음도 결정된다. 즉, 예리한 관찰력의 소유자는 초감각적 지각을 통해 통찰이라는 안목을 더 많이 발휘할 수 있다.

꽃과 나무, 가족, 직장 동료, 출퇴근길 사람들, 하늘, 우리는 매일 수많은 것들을 무심코 흘려보낸다. 나를 대하는 사람들의 표정과 마음까지도 읽지 못한다. 하지만 예술가, 과학자, 나아가 혁신가들은 관찰을 통해 일상 속에서 새로움을 발견하고 창조했다. 그래서 관찰을 제대로 하지 않으면 어떤 새로운 것도 만들 수 없다. 내 일뿐만 아니라 인간관계도 그렇다.

파브르는 어린 시절 하루 종일 땡볕에 나가 앉아 곤충을 관찰하곤 했다. 그는 관찰의 극한을 보여주기도 했다. 스티브 잡스는 대학 중퇴 후 한가한 시절 대학 벤치와 포스터의 서체를 관찰하며 시간을 보냈다. 무심코 지나갈 수 있는 서체에 대한 관찰이 아름다운 매킨토시를 가능하게 했다.

통찰력을 발휘한 놀라운 사례들

TV에서 억대 연봉을 받는 한 텔레마케터의 성공 사례를 보았다. 그녀는 동료들보다 월등한 실적을 보이며 두각을 나타내는 것이었다. 이런 그녀에겐 남다른 비법이 하나 있었다. 그녀는 하루 수십 명에 달하는 고객과 상담을 하는데, 하루 일과를 마치면 어김없이 하는 일이 있었다. 바로 자신이 하루 종일 고객과 상담한 녹음내용을 반복해서 듣는 것이었다.

이런 행동을 통해 고객이 좋아하는 화법으로 연습을 하는 것이다. 말하자면 그녀는 자신의 목소리에 화장을 하는 셈이다. 그녀는 자신이 하는 일을 안목sight으로 보지 않고 통찰insight을 하는 셈이다.

기업 비밀이 담긴 서류, 문서, 복사 용지를 처리하려면 손으로 찢거나 아니면 불태워야 할 것이다. 그러자면 많은 불편이 따를 것이다. 어떻게 하면 이러한 불편을 해결할 수 있을까?

한 영업사원은 이리저리 궁리 끝에 자기 부인이 주방에서 칼국수를 썰고 있는 모습을 보고 성공 씨앗을 구하게 된다. 바로 종이를 국수처럼 잘게 써는 방법을 생각해낸 것이다. 이런 발상이 웬만한 사무실이면 다 있는 '슈레더'라는 종이 파쇄기의 효시다.

중국 세탁기 시장에서 크게 성공한 LG전자의 '소독 세탁기'는 관찰을 통해 아이디어를 얻은 대표적인 사례다. 중국인은 위생관념이 약할 것이라는 선입견이 있다. 그러나 예상과 달리 그들은 소독과 빨래를 병행하는 특이한 습관을 보였다.

중국 소비자들의 세탁 습관 연구를 통해 소독제 사용이 많다는 점에 착안, 업계 최초로 소독제 전용 세탁 방법 및 투입구를 적용해 현지에서 크게 성공했다.

삼성전자 드럼세탁기 '애드 워시' 또한 세탁 중에도 손쉽게 세탁물을 추가할 수 있도록 한 기능 덕분에 판매량이 급성장하고 있다. 세탁기를 돌리고 나면 그때야 보이는 잔여 세탁물 때문에 난감해하는 주부의 작은 불편을 해결한 제품이다. 이 또한 주부의 세탁습관을 주의 깊게 관찰한 데서 얻은 아이디어였다.

다음은 중앙일보에서 발췌한 고려대 허태균 교수의 〈2등은 어떻게 만들까 고민하고, 1등은 무엇을 만들지 고민한다〉라는 글의 일부다.

"사실 지난 몇 십 년간 우리의 경험은 물건에 종속되어 왔다. 더 나은 물건이 더 나은 경험을 제공해주었다. 불과 10여 년 전만 해도 한국산, 일본산, 중국산 TV를 놓고 브랜드를 모두 가리더라도 화면만 보면 우리는 그것들을 구별할 수 있었다. 기술이 인간의 경험을 좌우하는 시대였기 때문이다. 그래서 한국 사회는 기술에 열광하며 선진 기술을 따라잡기 위해 모든 노력을 기울였다. 우리만 그런 것이 아니라 모든 나라가 그랬다.

그 결과가 어떻게 됐나? 이제는 기술이 너무 고도화되고 평준화돼 더 이상 기술에 따라 경험의 차이가 만들어지지 않는 세상이 되고 말았다. 이제는 브랜드를 가리면 어느 누구도 TV가 어느 나라 제품인지 알 수 없어졌다는 얘기다.

이런 기술의 한계를 가장 먼저 예견하고 우리에게 처절하게 알려준 사람이 바로 스티브 잡스다. 그가 내놓아 세상을 뒤집어 놓은 아이팟, 아이폰, 아이패드는 기술력 측면에서 본다면 결코 우리가 만들 수 없었던 제품이 아니었다. 우리도 충분히 만들 수 있는 기술력이 있었다. 그렇기에 삼성전자와 LG가 그렇게 빨리 따라 만들 수 있었다.

문제의 본질은 기술이 아니었다. 문제는 우리가 뭘 만들어야 하는지를 몰랐다는 데 있다. 어떻게 만드느냐 이전에 뭘 만들어야 하는지에 대한 통찰력이 우리에게 없었다는 것이다. 이것이 바로 2등fast follower과 1등first mover의 차이다. 지난 몇 십 년간 우리는 남이 만들어서 잘되는 것을 따라 만들면서 성장했다. 하지만 이제는 그런 방법이 한계에 도달했다. 우리보다 훨씬 싸게 더 잘 따라 만드는 나라가 세상에 널렸다."

성공한 사람들은 대개 사물을 보는 남다른 눈을 갖고 있다. 이들이 남과 달리 도깨비같이 괴상한 눈을 가진 것이 아니다. 성공한 사람들은 남들에게 없는 5개의 안경을 가지고 세상을 보고 있다는 것이다.

첫째, 다가올 미래를 잘 볼 수 있는 '망원경',

둘째, 현재의 상황을 남보다 잘 볼 수 있는 '쌍안경'

셋째, 과거를 도약의 발판으로 삼을 수 있는 '백미러'

넷째, 자신의 경쟁자를 잘 볼 수 있는 '사이드 미러'

다섯째, 자신의 단점을 잘 볼 수 있는 '돋보기'

우리도 어느 한 가지 사고와 시선에 머물지 말고 다양하게 생각하고 많은 것을 볼 수 있는 사고력과 통찰력을 키워야 한다.

일본의 대표적 컨설턴트 오마에 겐이치는 "개인이건 기업이건 앞으로 살아남기 위해서는 눈에 보이지 않는 것을 기발한 상품이나 서비스로 만들어내는 상상력이나 구상력을 갖춰야 한다"라고 말한다. 지식은 가치가 없으며 지식근로자는 아웃소싱이나 오프 쇼어링 형태로 인도에 전부 빼앗긴 상황이다. 구글이라는 세계 최대 도서관을 이용하면 지식은 간단히 손에 넣을 수 있다. 지식 자체만으로는 아무런 부가가치도 없다. 우리에게 요구되는 것은 보이지 않는 것을 보는 능력, 즉 상상력과 통찰력이다.

통찰력을 갈고 닦는 법

통찰력은 복잡한 상황에 대한 정확하고 깊은 이해를 의미하는 매력적인 단어다. 우리가 통찰력을 키운다면 목표를 달성하거나 문제를 해결하는 데 큰 힘이 될 것이다.

게리 클라인Gary Klein의 저서 《통찰, 평범에서 비범으로》를 보면 통찰력 훈련 방법으로 '섀도 박스shadow box 기법'이 있다. 시나리오 기반의 훈련 방법이다.

권투에서 섀도 박스는 가상의 상대를 생각하면서 혼자 연습하는 것을 의미한다. 통찰력 강화를 위한 방법으로써 섀도 박스도 비슷하다.

예를 들면, 어떤 시나리오 선택지 중에서 하나를 고른 다음 그것을 선택한 이유를 기록한다. 그러고 나서 전문가들은 무엇을 골랐는지, 그것을 선택한 이유가 무엇이었는지를 본다. 그리고 자신이 고려하지 않았던 것 중에 전문가들이 알아챈 것이 무엇인지 찾아보는 것이다. 권투의 섀도 박스처럼, 옆에 가르쳐주는 전문가가 없더라도 혼자 해볼 수 있는 통찰력을 위한 훈련이다.

또 '실패 상상' 이라는 방법도 있다. 잘 보이지 않는 약점을 찾아내기 위해서 프로젝트가 실패했다고 상상해보는 방법이 그것이다. 그런 과정을 통해서 잘 드러나지 않던 문제점들이 보일 수 있다는 것이다. 시나리오를 통해 섀도 박스 훈련을 해보고, 실패를 상상해보며 문제점을 찾아보는 것. 통찰력을 키우기 위해 우리가 평소에 해볼 수 있는 훈련 방법들이다.

모방도 통찰력을 기르기 위해 꼭 필요한 생활 속의 습관이다. 먼저 배우고 익혀야 자신의 것을 만들 수 있다. 남들이 만들어놓은 훌륭한 사고과정을 탐색해 자신의 것으로 만드는 것이 매우 중요하다.

예를 들어 피카소가 처음 그림을 그릴 때에는 세잔을 비롯한 프랑스 후기 인상파의 그림을 모방했다. 베토벤은 9번 교향곡을 만들 때 이탈리아의 작곡가이자 피아니스트인 클레멘티의 기법을 적용해 자신만의 스타일을 창조했다. 아인슈타인은 상대성 이론을 만들기 전에 제자였던 졸로비네와 친구인 미셸 베소 등과 함께 많은 토론을 했다. 아인슈타인은 평전 등을 통해 친구인 베소와 토론을 자주 함으로써 자신의 이론을 만들 수 있었다고 기술하기도 했다.

낯선 것을 친숙한 관점으로 보거나, 친숙한 것을 낯선 관점으로 바라봄으로써 통찰력을 얻을 수 있다. 사물을 다양한 관점에서 바라보라는 것이다. 스티브 잡스가 아이폰을 미국에 내놓았을 때 20대는 열광했다. 도대체 스티브 잡스는 이것을 어떻게 생각해냈을까? 그에게 낯설었던 휴대전화를 친숙한 매킨토시 관점에서 바라본 것이다.

매킨토시 시스템은 휴대전화에는 낯설기 그지없는 것이었다. 다른 경쟁자들도 노력을 해본 적이 있지만 상용화해본 적이 없는 쉽지 않는 시도였다. 스티브 잡스는 지속적으로 낯선 것을 친숙하게, 친숙한 것을 낯설게 바라보았다. 결국 익숙했던 매킨토시의 강점을 낯선 휴대전화에 이식함으로써 소비자들을 공감시킨 것이다.

'신은 인간에게 숨기고자 하는 것을 인간 곁에 둔다' 라는 서양 속담이 있다. 이 말은 우리 주변에 우리가 미처 깨닫지 못한 놀라운 통찰이 숨어 있다는 말이다. 무엇인가 좋은 생각이 떠오르면 들뜨기 쉽다. 성격이 급한 사람이라면 바로 흥분한다. 이렇게 되면 정작 중요한 것들을 놓치기 쉽다.

만약 오늘 좋은 생각이 떠올랐다면 아무리 가치 있는 생각이라도 하루나 이틀 정도 되새기는 시간을 가져야 한다. 하룻밤만 지나보면 들떴던 마음은 가라앉고 생각하지 못했던 대목들이 보이게 된다. 그때부터 짚어나가야 할 내용들을 하나하나 살펴보는 것이 좋다. 섣부른 판단은 과도하게 빠른 포기를 부를 수도 있다.

마찬가지로 너무 꼼꼼하게 따질 필요도 없다. 정작 시작하면 처음 생각과는 전혀 다른 일들이 벌어지기 때문이다. 처음 생각을 하루정도 충분히 생각해보고 이후 문제를 차근차근 따져본 뒤 그때까지도 첫 아이디어 잔상이 남아있다면 그것이야말로 진짜 좋은 통찰이다.

통찰이 일어나는 세 가지 경로

앞서 소개한 게리 클라인은 복잡한 상황 속에서 사람들이 어떻게 어려운 의사결정을 하는지 연구하는 인지과학자다. 또한 도서 《인튜이션》과 《통찰, 평범에서 비범으로》 저자이기도 하다. 게리 클라인은, 통찰이란 아르키메데스의 '유레카' 같은 새로운 깨달음으로써 예고 없이 깨닫게 되는 것이며, 통찰이 일어나는 경로는 크게 세 가지라고 말한다.

첫째, 다양한 요소들이 어떻게 하나로 이어지는지 그 '연결고리'를 깨닫는 과정에서 일어난다.

스티브 잡스의 스탠포드대학교 졸업 연설에서 '현재가 미래와 어떻게든 연결된다'는 맥락과도 같다. 다윈이 발견한 생물 변종이 '연결고리'를 통해 통찰을 얻은 경우라고 한다. 다윈은 비글호를 타고 탐험을 하면서, 다양한 생물 종을 발견하고 각 섬마다 생물의 변종이 다르다는 것을 발견했다.

이후 여정에서 돌아와 계속 고민하던 중, 인구 성장과 희소자원을 두고 일어나는 경쟁을 다룬 책인 맬서스의 《인구론》을 읽게 되었는데, 이를 통해 희소성이 변종의 원인임을 깨닫게 되었다고 한다. 많은 사람들이 맬서스의 희소성의 원리를 읽었지만, 다윈처럼 생물 변종과 연결시키지는 않았다. 원리와 섭리를 이해하고, 그것으로부터 새로운 정보를 결합하여 새로운 발견을 이끌어내는 것, 이것이 바로 통찰이다.

둘째, 선입견을 깨야 통찰을 얻는다.

무의식적으로 내린 결론에 대해 선입견을 깨는 계기가 있을 때, 이러한 계기를 통해 생각을 확장시키는 과정에서 얻을 수 있다. 제록스 914 복사기의 경우가 선입견을 깨서 큰 매출 성장을 달성한 케이스다. 당시 제록스 914 복사기는 시장에서 성능은 인정을 받았으나, 너무 높은 가격 때문에 판매 부진에 시달리고 있었다. 제록스 영업사원이 지역 판매 대리점과 이야기를 나누다 통찰을 발견하게 된다. 즉, 제록스 914 복사기는 시장에서 성능은 인정받고 있었으나 제품 가격 때문에 판매로 연결되지 않음을 깨달았다.

단순히 제품을 판매하는 것보다 복사 서비스를 제공할 때 더 큰 수익이 창출될 수 있다는 점에 착안하여, 기계를 팔지 않고 복사 서비스를 통해 수익을 창출하는 것으로 비즈니스 모델을 바꿨고, 그 결과 엄청난 성공을 거두었다.

셋째, 모순을 발견해서 얻는 통찰이다.

첫째가 '어떻게 연결되는가'를 깨닫는 것이라면, 모순은 '어디서 연결되지 않는가'를 발견하는 것이라고 할 수 있다.

어느 날 미국 경찰관이 우연히 도난 차량의 범인을 검거하게 된다. 이 검거 이유가 바로 모순을 발견해서 얻은 성과였다. BMW라는 차는 고급 차량으로 어느 정도 소득이 있는 사람들이 탄다. 순찰 중이던 경찰관은 차량 안에서 담뱃재를 차 안에 털고 있는 걸 본다. 차 주인이라면, 누가 그 비싼 차 안에 담뱃재를 털겠는가! 너무 상식적이지 않은 행동이어서 경찰관은 갓길에 차를 대고 조사를 하게 되었다. 이 과정에서 도난 차량임을 발견하게 된 것이다.

많은 사람들이 통찰과 혁신을 원한다고는 하지만 현재 규율이 깨지면 불편해지기 때문에 그대로 유지하고자 하는 속성이 강하다. 경영자라면 직원들이 새로운 의견을 낼 수 있도록 심리적 안정감을 주는 것이 중요하다. 새로운 아이디어에 대해 이야기 할 기회를 주고 처음부터 100% 완벽하게 요구하지 않아야 한다. 아이디어는 시간이 지나면서 진화되는 점을 믿어야 한다.

결국 통찰은 준비되지 않으면 일어나지 않는다. 더 집요하게 파헤치고, 더 많이 경험하고, 더 많이 이해하려는 강한 의지가 필요한 역량이다.

6) 해결력: 위협을 제거하고 재발을 방지하는 역량

영화 〈마션〉은 화성에 혼자 남겨진 채 500여 일을 살아가는 남자 이야기다. 미 항공우주국의 화성 탐사대인 '아레스3 탐사대'는 화성에 기지를 짓고 화성을 탐사하던 중 모래폭풍을 만난다. 탐사대는 폭풍에 우주선이 훼손될 우려가 있다고 판단해 황급히 화성을 떠난다. 그 와중에 팀원인 마크 와트니맷 데이먼가 돌풍에 날아온 물체를 맞아 쓰러지며 교신이 두절된다.

탐사대는 마크가 죽었다고 생각해 화성을 떠나지만, 마크는 살아 있었다.

기지에 혼자 남게 된 마크는 다음 탐사대가 오려면 4년은 더 기다려야 한다는 사실을 알지만 긍정적인 마음으로 버틸 방법들을 찾는다. 식량, 물, 공기 문제를 과학적으로 해결하며 희망을 품는다. 그 과정에서 패스파인더라는 통신 기계를 찾아내서 극적으로 NASA와 다시 연락하게 되는 이야기다.

영화 주인공 마크 와트니가 화성에서 홀로 살아가는 내용은 마치 '문제 발생→문제 해결'의 형식이다. 마크 와트니의 상황이 굉장히 암울하고 힘든 데도 그 상황을 재치 있게 긍정적으로 생각하면서 하나하나 확실한 방법을 찾아 해결한다. 어떤 문제가 발생하든, 가장 먼저 '무엇이 문제인가?' 를 생각한다. 그 다음에 원인을 찾고 대책을 내놓는 방식이다. 문제를 해결하기 위한 환경이 열악해서 몇날 며칠, 몇 달에 걸쳐서 해결해야지만, 자기만의 방식으로 문제를 해결해 나가는 모습이 인상 깊은 영화다.

문제해결을 통해 위기를 극복한 사례

중국 상하이에서 신설한 내부순환도로에 안전문제로 1톤 이상 화물차를 못 다니게 했다. 웬만한 차는 1톤이 넘기 때문에 그 도로를 사용할 수 없었다. 그러자 그 도로가 개통된 지 한 달 만에 일본 업체가 0.9톤짜리 화물차를 내놓고 팔기 시작했다. 문제 해결력을 키우려면 바로 보장자산인 '머리띠' 즉 두뇌를 푸는 일이다. 이 두뇌를 푸는 데는 전혀 돈이 들지 않는다. 이것은 누구나 다 풀 수 있다.

진한 향으로 유명한 중국의 명주 마오타이주가 세계적으로 이름이 알려지기 전의 일이다. 중국은 프랑스에서 열린 세계주류품평회에 마오타이주를 출품했다. 멋진 병에 담긴 세계 각지의 유명한 술 가운데 마오타이주는 한쪽 구석에 초라하게 자리 잡고 있었다. 누런 호리병에 담긴 낯선 중국산 술을 주목하는 사람은 아무도 없었다. 여러 술의 판매계약이 마무리 되고 품평회의 파장이 가까워지자 중국 측은 다급해졌다.

그 때 대표단원 한 사람이 번뜩이는 아이디어를 냈다. 그는 진열된 마오타이주 한 병을 일부러 바닥에 떨어뜨려 깨버린 것이다. 마오타이주에서 나오는 진하고 독특한 향기가 온 실내를 덮었다. 그제야 마오타이주의 진가를 알아본 각국의 주류 전문가들은 다투어 구매를 의뢰하기 시작했다.

《달과 6펜스》의 작가 서머셋 모옴이 무명시절 때 책을 출판했다. 그러나 출판사에서는 책이 잘 팔리지 않는다는 이유로 광고를 내지 않았다. 오랜 노력 끝에 써낸 책이 팔릴 기회조차 없어지자 서머셋 모옴은 크게 실망하며 괴로워했다.

그렇게 며칠을 보낸 그는 책을 팔기 위해 자비로 광고를 내야겠다고 결심했다. 그에겐 적은 돈으로도 효과적인 광고를 할 수 있는 아이디어가 필요했다. 이런저런 궁리 끝에 어느 날 그는 신문사를 찾아가 광고 문구를 적어 신문사 직원에게 전달했다. 다음 날 아침 신문에는 다음과 같은 내용의 광고가 실렸다.

"마음 착하고 훌륭한 여성을 찾습니다. 나는 스포츠와 음악을 좋아하고 성격이 비교적 온화한 젊은 백만장자입니다. 제가 바라는 여성은 최근 서머셋 모음의 소설 주인공과 모든 점에서 닮은 여성입니다. 자신이 서머셋 모음이 쓴 소설의 주인공과 닮았다고 생각되는 분이 있다면 지체하지 마시고 즉시 연락을 주십시오."

이 광고가 실린 지 며칠이 지나지 않아 서머셋 모음의 책은 어느 서점에서도 찾을 수 없었다. 모두 팔리고 없었던 것이다. 물론 이것을 계기로 그는 점차 유명한 작가가 되었다.

서머셋 모음은 멋진 아이디어로 실패 위기를 극복했다. 만일 그가 자신의 책이 팔리지 않는다는 생각에 자책만 하고 있었다면 지금과 같은 명성을 얻지 못했을지도 모른다. 재치 있는 몇 마디 문구로 그는 일약 베스트셀러 작가가 된 것이다.

문제해결은 목표를 달성 하는것

문제를 정의하는 일이 쉬울까? 해결책을 만드는 일이 쉬울까? '닭이 먼저냐, 알이 먼저냐'의 이야기처럼 들리지만, 사실은 대부분의 사람들이 해결책을 만드는 게 더 쉽다고 생각한다.

왜 그럴까? 좋은 문제 정의란, 단순히 문제 상황을 기술하는 것 이상으로 어려운 일이다. 문제를 잘 정의하면, 사실 그 속에는 좋은 해답을 찾을 수 있는 프레임이 녹아 있게 된다. 따라서 좋은 해결책을 찾으려면, 자신이 풀려는 문제를 명확하게 정의해야 한다. 이런 이유 때문에 문제를 정의하는 일이 더 중요하고 어렵다. 그래서 대부분 쉬워 보이는 해결책 만드는 일을 먼저 하려고 한다.

문제라는 것은 절대적으로 존재하는 것이 아니라 상대적으로 달리 인식되는 것으로 문제를 정의하는 시각에는 2가지 방법이 있다. 문제는 좁은 의미에서의 문제와 넓은 의미에서의 문제로 구분한다. 먼저 좁은 의미의 문제는 바람직하지 못한 상태 Undesirable Situation 또는 현재 상태를 악화시킬 수 있는 위협들 Threats이다.

문제는 좋지 않은 것으로 원하지 않는 사건이나 곤경 등을 문제라고 할 수 있다. 문제 해결은 이전 상태로 회복하고 재발을 방지하는 것이다. 넓은 의미의 문제는 현재 상태와 미래 상태의 차이다. To-be 상태와 As-is 상태의 갭Gap이다. 문제는 부정적 시각이 아니고 미래의 달성하고자 하는 목표와 거리이다. 따라서 문제 해결Problem Solving은 목표를 달성Achieving Goals하는 것이다.

문제해결 프로세스 7단계

맥킨지Mckinsey가 개발한 문제해결 프로세스 7단계가 있다. 필자가 배운 내용을 간단하게 정리해보았으니 다양하게 활용해보기 바란다.

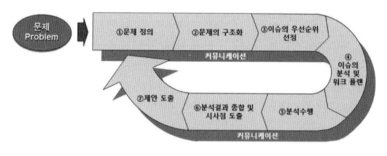

〈문제해결 프로세스 7단계〉

〈1단계 문제 정의〉

문제가 무엇인지 구체적으로 정의한다. 즉, 문제의 배경 및 해결 범위, 핵심 성공 요인, 반대로 장애요인도 있을 것이다. 예측되는 다양한 요인에 대해 미리 파악해야 한다.

〈2단계 문제의 구조화〉

문제를 세부적으로 분할한다. 이슈화하여 초기 가설을 세운다. 가설에 따라 문제를 구조화는 작업이 제대로 이루어져야 한다. 문제의 구조화 작업은 톱다운 방식을 추천한다.

〈3단계 이슈의 우선순위 선정〉

세부적으로 분할된 문제들의 우선순위를 부여한다. 문제 해결의 효율을 높이기 위해서는 중요한 이슈에 집중하도록 해야 한다.

〈4단계 이슈의 분석 및 워크 플랜〉

어떤 이슈를 누가, 어떻게 분석할 것인지 등의 워크 플랜을 수립한다. 조직을 구성하고 팀원의 역할을 배분하고 시작한다.

〈5단계 분석 수행〉

이슈별로 자료수집 및 가설 검증을 수행한다. 현장 자료 수집이 필요한 경우에는 업무 담당자와 직접 만나서 정확한 정보와 자료를 확보해야 한다. 필요하다면 인터뷰도 자료 분석에 많은 도움이 된다.

〈6단계 분석 결과 종합 및 시사점 도출〉

자료와 분석 결과를 통해 대안을 도출한다. 'so what'의 관점에서 분석 결과의 의미를 파악하고 문제 해결에 필요한 정보를 찾는다. 그리고 시각적으로 구체화한다. 여러 관련자의 검토의견을 피드백으로 반영한다.

〈7단계 제안 도출〉

　대안을 설정, 솔루션을 개발하고, 보고서를 작성한다. 문제를 해결하는 프로세스에서 가장 중요한 절차는 대안을 찾는 일이다.

　대부분의 사람들은 문제가 발생되면 즉흥적으로 해결하려 한다. 대안부터 찾는다. 본능과 직관에 따른 문제 해결은 비합리적 감정으로 대응하기도 하고 가치관에 따라 크게 달라진다. 만약, 당신이 월말이 되었는데 직원 급여를 줄 돈이 없다고 가정해보자. 왜 이런 문제가 발생되었는지는 중요하지 않다. 오직 어떻게 돈을 만들어 현안 문제를 해결할까만 생각하게 된다.

　그러나 복잡한 비즈니스 문제를 해결하기 위해서는 프로세스와 합리적인 문제해결 방식이 필요하다. 합리적 문제해결 방식의 가장 중요한 방법은 그 절차를 잘 정의하여 독립적인 세부 단계로 분할하고 대안을 찾는 것이다.

　다음은 문제해결 절차별로 활용해 볼 수 있는 도구로서 미시 기법, 로직트리기법, 페르미 추정 사고 기법, PBL기법을 정리하니 상황에 맞게 적용해보기 바란다.

1. 미시 기법

  맥킨지에서 만든 전략적 사고 기법의 하나인 '미시MECE/Mutually, Exclusive, Collectively, Exhaustive' 기법도 문제를 해결하는데 유용한 도구다. 미시는 겹치는 것 없고, 빠지는 것도 없이 서로 중복되지 않도록 분류를 하는 방법이다. 예를 들어 세상의 모든 사람을 남성과 여성으로 분류한다면 이것은 '미시' 하게 분류한 것이다. 그런데 세상의 모든 사람을 남성과 자녀, 여성으로 분류한다면 '미시' 하게 분류하지 못한 것이다. 중복의 문제가 발생한다. 자녀에도 남성과 여성으로 분류될 수 있기 때문이다.

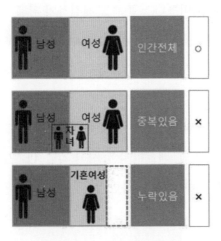

〈미시분류 사례 : 사람을 분류하는 경우〉

우리가 비즈니스를 할 때 어떤 문제를 분석하거나 의사결정 시 미시 기법이 많은 도움이 된다. 이런 의미에서 맥도널드는 이런 기법을 잘 활용한 예라고 볼 수 있다.

맥도널드는 기존의 고객을 정의하고 미시 기법으로 새로운 고객 찾기 작업을 했다.

'기존 고객은 누구인가' 부터 시작하여 기존의 고객을 정의할 때 점심식사나 저녁식사로 햄버거를 먹는 사람들로 정의하고 '그럼 아침식사로 햄버거를 먹는 사람은?' 이라는 질문을 던진 것이다. 그 답으로 아침 메뉴인 '맥모닝' 이 개발되었다.

또, '현재의 고객은 누구인가?' 라는 방법으로 정의할 때 매장을 방문해서 햄버거를 사먹는 사람으로 놓고 '그럼 방문하지 않고 햄버거를 먹을 수는 없나?' 라는 질문에 '맥 딜리버리 배달 서비스' 가 개발되었다. 참고로 배달 서비스는 전 세계 맥도널드 지사 중에 우리나라가 유일하다고 한다.

또 운전을 하면서 주문을 하고 받아가는 형태의 '드라이브스루 서비스' 가 개발된 것도 같은 방식이다. 맥카페로 패스트푸드점에서 커피전문점으로 성인에서 어린이 고객을 잡기 위해 해피밀을 도입하기도 했다. 맥도널드는 이렇게 고객을 확장하는 방법으로 미시기법을 적극 활용하여 성공했다.

2. 로직 트리 기법

　대부분의 문제는 단편적인 해결방안으로 해결되지 않는다. 근본적인 원인을 찾아 그것을 해결해야 진정한 문제 해결이 될 수 있다. 문제를 본원적인 부분에서 해결하려면 로직 트리 기법을 사용해야 한다. 문제의 원인을 논리적으로 분해하고 나무 모양으로 나열해서 궁극적으로 해결의 진행 방식과 실마리를 찾자고 하는 것이다.

　로직 트리는 논리logic와 나무tree의 합성어다. 논리를 나무 모양에 관련지어 상호의 인과관계와 크고 작음의 관계를 분명히 하려 한다. 나무 전체에서 굵은 가지를 분해하고 그 가지에 따라 잔가지와 잎을 설명하는 방식이다.

　'나무-가지-잎' 이 논리적으로 연결된 모습이다. 어떤 나무든지 뿌리가 있듯이 문제에도 그 문제의 원인이 되는 뿌리가 있다. 이를 찾아서 문제를 해결하고자 하는 기법이 로직 트리다.

〈다양한 상황에 활용할 수 있는 로직트리〉

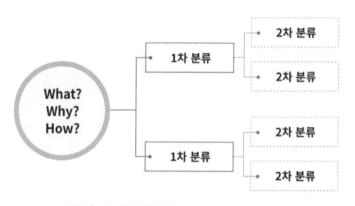

〈 '무엇을, 왜, 어떻게' 를 통해 다양한 해결책을 찾는 로직트리〉

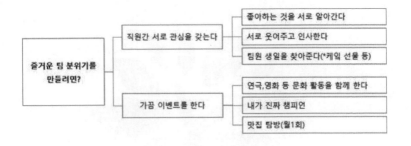

〈로직트리를 통해 '어떻게?' 를 해결하는 방법/ 예시〉

로직 트리를 '논리 박스' 라고도 한다. 가설을 세우고 논리를 전개해 나가기 때문이다. 이러한 논리에는 미시MECE가 빠져서는 안 된다. 빠진 곳이 있으면 논리적 사고를 할 수 없다. 보고서에 중요한 해결 방법이 없다면 그 보고서는 깨진다. 또한, 중복되는 부분이 많아지면 고객은 시간 낭비로 화는 점점 올라간다.

로직 트리는 논리적 사고를 촉진하고 폭넓은 아이디어를 창출하여, 원인이나 해결책을 구체적으로 찾아낼 수 있으며 다음과 같은 장점이 있다.

첫째, 논리적 사고력이 증진된다.

논리적 사고는 유사한 말로 체계적 사고라고 설명할 수 있다. 논리력은 복잡한 것을 체계적이고 간결한 구조로 정리하여 상대에게 전달하는 것이기 때문에 이해가 쉽고 오랜 기간 기억되는 장점이 있다.

둘째, 과제 해결력이 향상된다.

과제의 모든 모습이 정리되어 보이기 때문에 전체상을 쉽게 파악할 수 있고, 요소 간의 관계성도 명확해지며, 우선순위 판단도 용이한 장점이 있다.

미시 기반의 로직 트리를 이용한 문제 해결 방법은 미로 찾기의 입구에서 시작점으로 한다. "이렇게 하면 해결될걸?"이라고 이미 답을 정해놓고 그것을 검증하는 과정이라 할 수 있다. 마치 미로 찾기 게임에서 시작이 아니라 출구인 목적지에서 거꾸로 찾아가는 방법이다. 이것을 다른 말로 '가설 사고'라 한다.

로직 트리 문제해결 방식이 수학공식처럼 해결책을 100% 제시하지는 못한다. 접근이 논리적으로 진행되기 때문에 효율적일 뿐이다. 무턱대고 진행하는 것보다 확률이 높다. 로직 트리에 따른 해결책을 수행하고도 기대했던 것보다 효과가 적거나 없다고 해도 처음부터 다시 시행하지는 않는다. 다음 단계의 차

선책 선정 혹은 다시 그 앞단으로 가서 문제의 핵심 원인 파악부터 다시 검토를 하는 등 이후 업무 진행에 있어 대응하기가 쉬워진다. 즉, 레고Lego 식으로 중간에 수정이 쉽다는 것이다. 로직 트리의 가장 큰 장점은 전체의 진행과정을 한눈에 볼 수 있다는 점이다. 단점은 가설을 세우고 전개하는 데에 많은 선행 경험을 필요로 한다.

3. 페르미 추정 사고 기법

빠르게 변화하는 현대사회에서 차분히 오랫동안 정보를 분석할 시간이 없다. 짧은 시간에 빠르면서도 적절한 해답을 추출해낼 수 있는 비약적 사고 기법이 필요하다. 이런 비약적 사고 기법 중 하나가 페르미 추정 사고 기법이다. 이 기법은 미국 시카고 대학교수인 페르미가 개발했다 하여 그의 이름을 땄다.

예를 들면 "시카고에는 얼마나 많은 피아노 조율사가 있을까?"라는 문제를 해결한다고 하자. 페르미 추정은 정확한 답을 찾는 게 아니다. 한정된 정보를 가지고 답을 추정해나가는 과정이 중요하다. 이 문제를 풀기 위해서는 관련 숫자를 아래와 같이 찾아야 한다.

- 시카고 인구는 대략 400만 명이다.

- 시카고 가구는 평균 2인 가구이다.

- 10가구 당 한 대 꼴로 피아노가 있다.

- 피아노는 평균적으로 1년에 한 번 조율 받는다.

- 피아노 조율에는 이동시간 포함 평균 2시간이 걸린다.

- 피아노 조율사는 하루 8시간, 주 5회, 1년에 50주 일한다.

즉, 시카고에는 평균 200만 가구가 있고(400만 명/2명) 20만 대 피아노가 있다(200만/10). 즉, 1년에 20만 건의 조율이 발생한다. 한 명의 피아노 조율사가 1년에 조율할 수 있는 건수는 50×5×8/2=1000건이다. 따라서 피아노 조율사의 수는 200명(20만/1000)이 된다. 당시, 시카고의 실제 조율사의 수는 290명이었다고 한다.

이 페르미 추정의 가치는 '근사 값' 추정에 있다. 정확한 값은 못 맞춰도 조율사 수가 몇 만 명이나 수십 명이라고 대답하지는 않게 되는 것이다. 또한 이를 문제로 낸다면 값이 아니라 이러한 논리적 단계를 거쳐서 사고할 수 있느냐를 보는 것이다. 하지만 논리적 단계를 거치는 것 못지않게 중요한 것이 '제대로 된 가정을 하는 것' 이다.

페르미 방식은 간단한 수학적 방식이다. 이러한 방법을 통해 숫자와 관련된 많은 것을 추정할 수 있다. 원가계산, 비용절감, 어떤 추정 숫자 및 비율 등에 활용된다. 업무에 활용하기 위해서는 사례를 보고 학습하는 것이 최선의 방법이다.

페르미 추정 의미는 정확한 답을 찾는 게 아니다. 한정된 정보를 가지고 답을 추정해 나가는 논리 과정이 중요하다. 페르미 추정에 대한 문제는 주변에서 쉽게 접할 수 있다.

예를 들어 '연간 사용량은 얼마나 될까?', '판매는 얼마나 될까?' 등이다. 페르미 추정을 하려면 우선 피아노 예시와 같이 질문을 나열하고 여기에 숫자를 만들어야 한다. 그리고 로직 트리에 따라 배열하면 된다. 실제 업무에서 이와 같이 추정하고 있다. 다만, 로직 트리로 그려지지 않았을 뿐이다. 현재까지 경험만으로 하던 일을 로직 트리로 설명하면 더욱 논리적이고 설득이 쉬워 진다.

4. 문제해결 기반의 학습법 PBL

문제해결을 기반으로 하는 학습 방법이 있다. PBLProblem Based Learning 기법이다. PBL은 토론과 실습이 중심이 되어 학습 효과를 높일 수 있는 교수 방법 또는 학습 방법의 하나다. 학습자들에게 실제적인 문제를 제시하고 그 제시된 문제를 해결하기 위해 학습자들 상호 간에 공동으로 문제해결 방안을 강구하고 개별학습과 협동학습을 통해 공통의 해결안을 마련하는 과정에서 학습이 이루어지게 되는 학습법이다.

PBL을 최초로 도입한 학자는 캐나다 맥매스터 의과대학 앤더슨 교수다. 다양한 '생체의학 문제' 들을 학생들에게 제시함으로써 관련 내용을 학습하도록 하는 방법이었다. 그는 전통적인 의학교육의 문제점을 해결하기 위해 새로운 교수법을 개발했다.

이후, 미국의 배로우즈 교수가 PBL 교육방식을 체계화하고 확산시키는 데에 큰 기여를 했다.

현재, PBL 수업 방식은 전 세계적으로 확산되었고, 의학교육 분야 외에도 다양한 분야 및 교과 과정에 응용되고 있다. 그렇다면 PBL은 어떤 절차와 방법으로 운영되는지 정리해 본다.

PBL의 학습 절차는 '문제 제시 → 해결방안 탐색 → 문제해결 → 발표 및 평가' 4단계를 포함하고 있다.

1. 문제 제시 단계

학습할 주요 내용을 포괄할 수 있는 실제적이고 복잡한 문제를 구성하여 제시한다. 이 단계에서는, 학습자가 주인의식을 가지고 문제를 대할 수 있도록 하는 것이 중요하다.

2. 해결방안 탐색 단계

학습팀(모둠, 조) 별로 문제에 대한 가설, 해결(안), 관련된 사실들과 정보를 공유하고 문제해결을 위한 추가 자료들의 목록을 만들고, 역할 분담을 정한다.

3. 문제해결 단계

문제해결 방법을 찾아내거나 새롭게 개발하여 그 내용을 동료들과 공유한다. 실제 문제가 해결될 때까지 계속해서 개인학습과 협동 학습을 반복할 수 있다.

4. 발표 및 평가 단계

해답을 도출하는 중간 중간 받게 되는 피드백을 참고하여 수정보완하고, 최종적으로 도출한 해결 방안을 모두에게 발표하고 서로 평가한다.

이처럼 PBL은 현업을 수행할 때 실제 맞닥뜨릴 수 있는 문제나 과업들을 학습자 스스로 해결함으로써, 관련된 내용을 자연스럽게 습득할 수 있는 매우 실용적인 교수법 또는 학습법이다. 이에 더해, 학습자가 주도적으로 수업을 이끌어 나가기 때문에 집중력과 흥미를 잃지 않고 지속할 수 있다는 장점도 있다.

7) 가공력 : 정보를 재구성하여 새로운 가치를 창출하는 역량

환경 변화를 이야기할 때 자주 쓰는 공식이 두 개 있다.

- 문자→ 인쇄 → TV → 웹 → 앱 → ?
- 5000년 → 500년 → 50년 → 20년 → ?

도대체 무슨 뜻일까? 이 공식을 풀어서 이야기 하면 이렇다. 인류 역사상 문자가 생긴 뒤로 인쇄기가 나올 때까지 5000년이 걸렸고, 그 뒤로 TV가 나올 때까지 500년, 인터넷은 그 뒤로 50년, 애플리케이션이 나오는 데 20년이 걸렸다는 것이다. 그리고 다음에 나올 것이 '웁' 인지, '욥' 인지, '얍' 인지는 모르겠지만 그것이 나오는 데 아주 짧은 시간이 걸릴 거라는 의미다. 즉 새로운 플랫폼이 나온다는 이야기다.

세상이 이렇게 급변하다보니 교육이나 학습에 대한 플랫폼도 바뀌어야 한다고 생각한다. 필자는 그래서 "이젠 공부가 아니라 공구다"라는 이야기를 하고 싶다. 그리고 그 배경으로 다음과 같은 교육 플랫폼의 변이를 제안한다.

즉 Teaching → Coaching → Consulting → Influencing 이다. 이것을 간단하게 정리하면 이젠 가르치는Teaching 것이 아니라 가리키는Influencing 것이다. 이렇게 큰 틀이 변했다는 의미다. 이 의미는 '고기를 주지 말고 고기 잡는 법'을 알려주어야 한다는 것이다. 필자가 고민하고 있는 아래 '교수법 4.0 매트릭스'를 보면 도움이 될 것이다.

〈교수법 4.0 매트릭스〉

구 분	Name	학습방식	상태	사회발달	산업	주도	진화
1.0	Teaching	→	비움(空)	농경사회	1차 산업	선생님	마차
2.0	Coaching	→	배움(學)	산업사회	2차 산업	선생님	기계
3.0	Consulting	↔	채움(習)	정보화사회	3차 산업	선생님	컴퓨터
4.0	Influencing	↗↘↖↙	나눔(行)	디지털사회	4차 산업혁명	학생	AI

젊은 세대에 맞는 교육 혁신이 필요한 시기

언젠가 4차 산업혁명 시대를 대비한 교육 세미나에 가본 적이 있다. 교육 자료가 이전과는 비교가 안 될 정도로 세련되어 있었다. 지금과 같은 텍스트와 사진 자료로 내용을 구성하여 강의하다가는 먹히지 않을 것이라는 것이다. 이제 강의 플랫폼을 좀 바꾸어야 한다는 것이다. 필자와 같은 세대는 지식을 텍스트, 즉 글자로 습득했다. 하지만 젊은 세대들은 태어나자마자 리모컨을 붙잡고 그것으로 세상을 배웠다. 그러니까 우리 세대는 텍스트로 공부를 했지만 그들은 공부가 아니라 공구를 통해 배운 것이다.

이 이야기는 요즘 젊은 세대를 대상으로 교육하려면 그들이 좋아하는 프레임으로 접근해야 한다는 조언이다. 스웨덴 가구 회사 이케아가 한국에서 선풍적인 인기를 끌고 있다. 그 매장엔 늘 사람들이 북적이는데 왜 그럴까?

요즘 2030 세대들은 무엇인가 스스로 만들어보고 다소 불편이 따르더라도 공구 만져보기를 원하기 때문이다. 사실 이케아 가구는 소비자에게 다소 불편을 주는 마케팅으로 큰 성공을 거두었다. 소비자 직접 간단한 것이라도 해봄으로써 능숙하지는 않지만 손동작을 통해 묘한 성취감을 느끼도록 하는 것이다.

특히 우리나라처럼 직접 무엇을 해볼 수 없는 공간이나 기회가 없는 여건에서 아주 좋은 어른 놀잇감이 되는 셈이다.

기업체 교육현장도 이런 세태를 반영하여 점차 변화해 나가고 있다. 강사가 일방적으로 지식을 전달하는 것을 지양하고 참석자들이 스스로 어떤 도구를 통해 무엇인가 체험해보고 나름 솔루션을 내놓는 방식으로 변하고 있다. 이러한 방식은 목마른 말은 굳이 물가로 말을 끌고 가지 않고 냇가로 가는 길만 가르쳐주어도 즐겁게 달려가는 것과 같다. 스스로 깨우치도록 방향만 제시할 뿐이다. 즉 기업 교육 현장에 인스트럭터Instructer는 사라지고 퍼실리테이터Facilitator를 많이 선호할 것으로 예상된다.

한 외국인이 우리나라에 와서 무척 놀랐다는 이야기를 어느 방송에서 들었다. 바로 한국 사람은 남이 하는 강연을 너무 좋아 한다는 것이다. 대표적인 것이 인문학人文學 특강이다. 필자는 인문학을 '忍問學'으로 표기한다. '인내해가면서 스스로 질문하는 학문'이라는 뜻이다.

그런데 우리네 젊은이들은 이런 것을 싫어한다. 부모세대들이 텍스트를 붙잡고 고뇌하고 생각하고 반추하고 하는 일련의 작업을 생략하고 압축해서 정리해놓은 것을 섭취하려고 한다.

즉 학문에도 인스턴트가 유행인 셈이다. 이런 풍조에 그 외국인 학자는 놀라움을 감추지 못한 것이다. 물론 우리네 젊은이들이 나쁘다는 것은 아니다. 그러나 분명한 것은 '텍스트 세대'가 '비디오 세대'를 이해 못하는 경우다.

가르치는 교육에서 가르키는 학습으로

다음은 조선일보에 소개된 〈원광대 치대생들이 아이폰 뜯어 본 이유는?〉이라는 글의 일부이다.

전북 익산 원광대 치과대학 강의실. 치의예과 1학년생 전원 (85명)이 모인 가운데 서은교(19) 학생이 '스피커 기능이 있는 휴대폰 케이스' 발표 자료를 빔프로젝터에 띄웠다. 서 씨는 "요즘 유행하는 휴대폰은 대부분 스피커가 하단에 있어서 가로로 잡고 화면을 보거나 누워서 볼 때 손으로 스피커를 막게 된다" 면서 "하단에서 나오는 소리를 다른 방향으로 굴절시켜주는 '소리통로 내장형' 휴대폰 케이스를 구상했다"고 말했다.

발표가 끝나자 "굴절에 의한 소리 손실은 어떻게 막느냐"는 등 질문과 답변이 오가며 갑론을박이 벌어졌다. 공대나 경영대 에서나 볼 법한 '아이디어 경연장' 분위기였다.

원광대 치대 '창의 과학 설계'는 1학년 전공필수 과목이다. 지 난 2009년 치과대학장 이었던 유형근 교수가 도입했다. 학생들은 조를 이루어 생활 속 불편함이나 궁금증을 해결하는 발명 아이디어를 찾아내고, 실용화 방안을 연구해야 한다. 기말고사 때는 한 학기 동안 만든 시제품이나 모형을 발표한다. 길을 걷는데 차량이 가까이 다가오면 경고해주는 이어폰, 거미 모양의 '휴대용 프린터' 등이 그간의 대표적 창조물이다. 이 수업에서 나온 아이디어가 도내 발명경진대회에서 두 차례 입상하기도 했다.

치대생들에게 왜 발명 수업을 하는 것일까?

유 교수는 "기술이 점점 발달하는 시대에 소위 '돈 잘 버는 치과의사'라는 안일한 인식에 안주해선 안 된다고 생각했다"면서 "치료만 잘하는 의사보다 의술과 학문, 나아가 국가 발전에 기여할 수 있는 인재를 양성하려면 치대의 교육 방식부터 바뀌어야 한다"고 말했다. 또한 "주입식 교육에만 익숙한 학생들을 더 창의적이고 도전적인 인재로 바꿀 필요가 있다"고 했다.

실제로 수업에서 유 교수는 큰 틀의 방향만 제시할 뿐, 주제 선정과 연구부터 개발까지 모든 과정을 학생들끼리 해결하게 한다. 학교와 학원, 과외수업에 길들여진 학생들에게는 생소한 과제다. 1학년 정지수 씨는 "누군가 가르쳐주는 내용을 암기만 해왔는데, 대학에 와서 갑자기 '왜'라는 질문을 하기가 쉽지 않았다"고 말했다. 호주현 씨는 "항상 범위와 주제가 정해진 공부만 하다가 이 수업에서 처음으로 스스로 문제를 찾아내고 풀어 나가는 모든 과정을 경험한다"고 말했다.

유 교수는 "매 학기 '문제를 찾아내서 해결하라' 는 개념을 이해 못 해 어려움을 호소하는 학생이 적지 않다" 면서 "시행착오 끝에 갈피를 잡아가는 과정 자체가 수업의 목적" 이라고 말했다.

"만약에 대학이 성적 만점인 학생들로만 채워진다면 아주 재 미없는boring 공간이 될 겁니다. 신입생을 뽑을 때 학문적 재능 뿐 아니라 경험의 다양성을 중요하게 보는 이유지요. 각기 다른 배경의 학생들이 대학교육을 통해 협력하고 급변할 미래에 대 비하게 하는 것이 미래 대학의 역할이라고 봅니다."

동아일보에 소개된 미국의 명문 대학인 미시간대를 이끄는 마크 슐리셀 총장의 미래 교육에 대한 이야기다.

"학생들의 미래를 위해 대학은 무엇을 가르쳐야 할까요?" 라 는 질문에 이렇게 답했다.

"우리와 달리 지금 학생들은 일생 동안 여러 개의 다양한 직업을 갖게 될 것이다. 넓은 분야를 이해하는 유연한 교육을 받고 새롭게 생겨나는 기술도 편안하게 받아들일 수 있어야 한다. 또 지구 반대편 사람과도 옆집 사람처럼 교류하는 시대인 만큼 모든 한국 학생이 국제 공용어인 영어를 편안하게 쓰도록 가르치고, 수학과 기술 교육에 힘쓰는 것도 중요하리라고 본다."

우리의 교육도 통째로 무엇을 암기한다든가 아니면 개념이나 원리를 이해 못한 채 전달만 하려는 플랫폼은 버려야 한다. 손바닥 안에 있는 지식을 어떻게 가공하고 나아가 확대, 재생산할 수 있는 공부나 시스템을 다루는 교육을 해야 한다고 본다. 그러자면 가르치는 이들은 가르치지Teaching만 말고 방향을 설정해주거나 방향을 가르키는Influencing 쪽으로 그 패러다임을 바꾸어야 한다. 그러기 위해선 부단히 학습을 하고 경험하고 나아가 무엇인가 생산해내야 한다.

수작手作을 부려야 수작秀作이 나온다

얼마 전 유튜브 영상을 통해 보았던 내용이다. 미국의 한 유명한 경영자와 국내 대학교수가 이야기를 나누고 있었다. 서로 의견을 교환하다가 국내 대학교수가 경영자에게 질문을 했다.

"세상을 이끄는 사람들은 왜 미국에서만 나오지요?"

여기서 '세상을 이끄는 이' 란 뜻은 'First Mover' 를 의미한다. 이런 질문에 미국의 유명한 경영자는 이렇게 답했다.

"그것은 명확한 이유가 있지요! 미국에서는 일찍부터 남다른 플랫폼을 만들고 콘텐츠를 만들어냅니다."

그러고 보니 스티브 잡스가 차고(Garage)에서 친구들과 꿈을 키우며 애플 컴퓨터를 만든 이야기가 생각난다.

미국 영화 등을 보면 웬만한 가정엔 다 차고를 갖고 있다. 그곳엔 다양한 연장이나 도구들이 산뜻하게 정렬이 되어 있다. 이에 반해 우리나라엔 차고라는 공간이 없다. 주거지가 거의 아파트라서 그런 공간을 갖기가 불가능하다. 이런 공간적 제약 차이가 문화 차이로, 나아가 능력 차이로 연결되지 않나 싶다. 이 이야기를 좀 더 확장하기 위해서 질문을 하나 하겠다

• 혹시 당신은 자동차 엔진 오일 교환을 할 수 있는가?

• 혹시 당신은 자동차 타이어 문제가 발생하면 바로 교체할 수 있는가?

• 혹시 당신은 아파트 화장실 변기 또는 싱크대 등이 고장 나면

타고난 손재주가 있거나 아니면 공업계 학교를 나왔거나 혹은 이공계 대학을 나왔다면 모를까 가능하지 않을 것이다. 필자는 이 세상에서 가장 '행복한 남자'는 한국 남자라고 자주 말한다. 사실 한국 남자처럼 편한 남자는 없을 것이다. 가령 앞서 질문한 내용을 아파트 관리사무소나 인근에 있는 자동차 정비소에서 다 해주기 때문이다.

필자의 지인 중에 전원형 단독주택에서 약 15년 정도 살고 있는 분이 있다. 살기 편한 아파트에 살다가 주택으로 옮긴 뒤 후회가 막급하다고 했다. 대개 전원주택하면 누구나 한번쯤 살고 싶은 로망이 아닐 수 없다. 그런데 살아 보니까 그 '로망'은 이내 '노망'이 되었다고 한다. 그러면서 주택에 사는 남자는 너무 불쌍하다고 한다. 쉽게 말해 아파트에 살 때는 손手은 그다지 바쁘지 않았고 딱히 그 역할이 없었는데, 즉 수작手作을 부릴 기회가 없었다는 것이다.

그런데 주택으로 옮긴 뒤부터는 이 손이 바빠지더니 그야말로 머슴 같은 손으로 변하기 시작했다고 한다. 가령 잔디를 깎아야 하고 낙엽을 쓸어야 하고, 나무 전지도 해야 하고 변기가 막히면 뚫어야 하고, 한 겨울 난방기에 고장이 나면 영하 15도 정도 되는 지하실에서 꿍꿍대면서 고쳐야 하고……. 때가 되면 사다리를 놓고 올라가서 페인트칠도 더러 해내야 한다는 것이다. 이런 반(?) 머슴살이로 한 15년 정도 살다 보니 이제는 대충 수작을 부릴 줄 알게 되었다고 한다. 웬만한 공구는 다루게 됐다는 것이다. 이젠 '얼추 맥가이버' 란 닉네임도 얻었다고 한다.

이런 이야기를 하는 이유는 바로 우리가 미국처럼 '퍼스트 무버' 가 안 되고 '패스트 팔로워' 국가가 되기 때문이다. 우리나라 국민이 미국과 달리 공구 사용력(?)이 많이 떨어지기 때문이다. 그들은 차고라는 공간에서 다양한 연장이나 공구로 어려서부터 무엇인가 만지작거리고 부수고 또 만드는 작업을 하면서 자랐을 것이다.

말하자면 우리처럼 무조건 텍스트를 외우고, "별표 , 밑줄 쫙!" 치는 게 아니라 직접 해보고 느껴보고 하는 과정에서 무엇인가 아이디어가 떠오르고 그것을 구체화 해보았을 것이다.

이제 손으로 놀고, 손맛을 느껴보자

　필자가 알고 있는 어느 경영자 이야기를 잠깐 소개한다. 그 경영자는 자신과 자녀들과 함께 하는 집안 놀이공간을 마련했다고 한다. 큰 평수의 아파트는 아니지만 방 하나를 온 가족이 함께 하면서 게임을 하든 무엇을 만들든 책을 읽든 간섭하지 않고 가능하면 수작을 부리는 공간을 구축했다고 한다. 말하자면 그 경영자는 그 공간을 '밑 줄 쫙!' 하는 공간이 아니라 러닝 팩토리, 즉 학습 공작소를 만든 셈이다. 요즘 '키덜트_{어린이를 뜻하는} '키드Kid '와 어른을 의미하는 '어덜트Adult' 의 합성어로 '아이들의 감성과 취향을 지닌 어른' 을 지칭한다' 란 신조어가 있는데 자신이 키덜트가 되어가면서 다양한 아이디어도 나오고 얻은 게 많다고 한다.

　물론 이렇게 거창하게 공간을 만들자는 건 아니다. 이제부터라도 차고는 없어도 차량 오일 교환이나 타이어 수리 또는 집안에 작은 가구 같은 건 손수 만들어 보았으면 한다. 즉 작은 손동작이지만 그것이 취미가 되어 나중엔 작은 업이 될 수도 있기 때문이다. 굳이 4차 산업혁명을 논할 필요도 없다. 예전 방식만 고수해서는 안 될 일이다. 세상이 빨리 변하면 당신도 빨리 잊힌다.

그래서 필자는 이젠 공구로 수작(手作)을 부려야 한다고 생각한다. 수작(手作)을 부려야 그 손에서 수작(秀作)이 나오기 마련이다. 수작(秀作)이 없는데 세계를 이끌어갈 플랫폼이나 알고리즘이 나올 리 만무하다.

이런 세상에서 밀리지 않으려면 전혀 쓰지 않고 버려둔 당신의 손을 부려보자! 즉 수작을 부리자! 무엇인지 모르지만 조작도 해보자! 그러다보면 나중에 당신 인생을 대변하는 수작이 될 수도 있기 때문이다. 이젠 손으로 놀아보자. 먹고 마시고 노는 일보다는 먹고 생각하고 만들고 부수는 일을 해보자! 그리고 손맛을 느껴보자!

8) 실행력: 실행에 옮겨 결과를 만들어낼 수 있는 역량

배움의 주목적은 배운 내용을 실제로 사용하기 위한 것이다. 계획을 실천하고 결과를 만들어 내는 일이 실행력이다. 무언가를 이룬 사람들의 이야기를 들여다보면 그리 대단하지 않은 작은 실천과 관련된 에피소드가 등장한다. 위대한 일의 출발점은 완벽한 계획과 거창한 목표가 아니라 지금 할 수 있는 일을 시작해보는 것이다.

한번 해보기

아무것도 하지 않으면 아무 일도 일어나지 않는다. 크든 작든 무엇이라도 해봐야 성공이든 실패든 결과가 나오는 것이다. 대개 성공은 알고 보면 '대수롭지 않은 일'에서 출발하는 경우가 많다. '한번 해보기'는 작은 시작이다. 사소한 시작이 중요한 이유는 작은 피드백을 얻을 수 있기 때문이다. 그 과정에서 미묘한 감정의 변화가 시작되고 점차 위대한 변화를 몰고 온다. 이것이 바로 실행력의 힘이다.

최고의 광고 기획자 박웅현의 오늘도 '한번 하기'에서 시작됐다. 1986년 어느 날 친구 한 명이 "술값 좀 벌어보자"고 광고 공모전을 제안했는데 박웅현은 큰 고민 없이 팀에 합류했다. 대학생을 대상으로 한 언론사 공모전이었는데 그때 우수상을 받고 '이게 내 길인가'라는 생각을 처음 했다고 한다. 이듬해는 적극적으로 공모에 임했고 대상을 받기도 했다. 진짜 평생의 길이 된 것이다.

고등학교 1학년 중퇴의 학력으로 빵집 보조를 거쳐 한국의 대표적인 제과 명장이 된 김영모의 시작도 '한번 하기'였다. 그가 1982년 강남 한복판에 자기 이름을 걸고 낸 6평짜리의 작은 과자점은 사람들의 입맛을 사로잡기에는 여러모로 부족했다. 하지만 그는 본질에 충실하기로 했다. '고객들의 목소리'를 놓치지 않겠다고 결심하고 이를 위해 '고객이 원하는 빵은 최소 한 번씩은 만들어보기'로 한 것이다.

가령 어떤 고객이 "느끼하다"고 말하면 다음 날 반죽의 배합을 바꿔 빵을 다시 만들었고 "조금 더 달면 좋겠다"는 말을 들으면 단맛을 가미할 수 있는 과일을 더해 내놓았다. 고객의 입장에서 어찌 감동을 받지 않을 수 있을까 이를 경험한 사람들에게 김영모 제과점은 빵집 이상의 존재가 됐다.

실행력은 자기객관화로부터

순자 비상편非相篇을 보면 군자는 자기를 헤아리는 법도로 곧은 먹줄을 사용하지만 남을 대하는 법도로 굽은 도지개(틈이 가거나 뒤틀린 활을 바로잡는 틀)를 쓴다고 했다. 자기는 먹줄 같은 곧은 법도로 헤아리고 타인은 굽은 법도로 헤아리기 때문에 너그러울 수 있다는 말이다. 곧은 법도를 통해 천하의 법도가 되고 굽은 법도를 통해 여러 사람을 움직여 천하의 일을 이룰 수 있다는 의미가 담겨있다.

채근담에도 '남을 대할 때는 봄바람처럼 따뜻하게 하고 스스로에 대해서는 가을 서리처럼 엄격하게 하라'는 말이 있다. 즉 자신에게는 엄격하게 대하고, 타인에게는 관대하게 대하라는 의미다. 이와 같이 자기 자신에 대해 엄격하게 대하는 것을 자기객관화라고 할 수 있다.

자기객관화란? 자신 스스로를 제3자의 입장에서 객관적으로 보는 것을 말한다. 자신의 모습을 객관적 시선으로 본다는 것은 타인이 나를 보는 안목으로 자신을 바라보는 것과 같다. 그림을 볼 때, 한 발짝 물러서서 보면 그 그림이 눈에 더 잘 들어오는 것처럼 우리 스스로를 한 발 짝 물러서서 바라보는 것이다. 가끔은 자기 자신을 객관적으로 들여다볼 때 나를 더 잘 알 수 있다. 객관적으로 자신을 분석하고 더 발전하기 위해 무엇을 보완해야 할지 알고 나면 어떤 계획이든 실행에 옮길 확률은 더욱 높아질 수 있다.

자기객관화를 할 수 있는 방법은 여러 가지가 있다. 필자는 다음 네 가지를 제안한다. '여행' , 영화' , '독서' , '자신의 목표가 실현되어 있는 공간에 가보는 것' 이다.

첫째, 여행이다.

여행은 친구들이나 단체 여행보다는 혼자만의 여행을 권한다. 혼자 여행을 가게 되면 어쩔 수 없이 자신에 대해 생각 할 수밖에 없다. 나는 무엇을 좋아하고 무엇을 싫어하는지, 나는 어떤 삶을 살아왔는지 미래의 꿈은 무엇인지 등 나를 돌아볼 시간이 많아진다. 나에 대한 새로운 것들을 발견함으로써 내가 무엇을 우선적으로 해야 하는지 알게 될 것이다.

둘째, 영화 보기다.

영화 한편 보는 시간은 2시간 밖에 안된다. 하지만 그 영화 안에는 주인공의 이야기가 있다. 그 이야기 속에 자신이 들어가게 되고 '나라면 어떻게 했을까?' 라는 생각을 하게 된다. 다른 사람의 삶을 기웃거리다보니 내 삶도 마치 제3자처럼 보일 수 있다. 먼발치서 관객들이 내 삶을 본다면 어떤 생각을 할까? 영화를 통해서 자연스럽게 자기객관화를 해볼 수 있는 것이다.

셋째, 독서다.

책을 읽으면 지식이 늘어난다. 다양한 사람을 만날 때 이야기거리의 훌륭한 소재가 된다. 나만을 위한 훌륭한 스승을 얻는 기분이 참으로 매력적이다. 배우고자 하는 내용이 웬만하면 책에 다 있다. 본인이 흥미가 있는 분야의 책을 읽으면 반드시 남는 것이 있다. 책을 통한 간접경험으로 자기객관화를 충분히 실행할 수 있게 된다.

넷째, 자신의 목표가 실현되어 있는 공간에 가보는 것이다.

요즘 가장 인기 있는 직업인 공무원 되는 목표에 대해 이야기해보자. 만약 내 꿈이 공무원이라면 어디를 가면 될까? 자신이 일하고자 하는 관공서에 가보면 좋다. 그곳에 가면 어떤 생각이

들까? 여기에 오기 위해서 현재의 나 자신을 직시하고 내가 해야 할 것들을 정리하여 '앞으로 열심히 해야지' 라는 다짐을 하게 된다.

자신이 실행력이 약하다고 생각한다면 먼저 자기객관화를 해보기를 권한다. 혼자 여행도 가보고, 영화도 보고, 책도 읽고, 자신이 하고 싶은 일을 실제로 하고 있는 공간에 자주 가보면 반드시 실행력은 올라갈 것이다.

실행력 네 단계

'좋은 계획이 행동을 이끄는 것이 아니라, 작은 행동이 좋은 계획을 이끈다' 는 말이 있다. 사람은 누구에게나 똑같은 시간이 주어진다. 그런데 왜 어떤 사람들은 더 많은 것을 이루어내는 것일까? 실행력의 차이다. 어떤 사람은 계획만 세워놓고 실행하지 않는다. 어떤 사람은 꾸준하게 실천하고 개선하며 계획을 실행한다. 사람의 성향에 따라 실행력을 네 단계로 구분할 수 있다. 자신은 어느 단계에 해당되는지 확인해 보기 바란다.

〈1단계〉 시작도 안하는 사람이다.

매사에 머뭇거리고 걱정하는 사람이다. 시작하기도 전에 갖은 생각을 다하는 사람이다. 시작해서 잘 못할까봐 걱정 되어 아예 시작을 안한다. 잘 못하면 일단 시작을 해서 점점 잘 할 수 있게 만들어야 한다. 누구나 처음부터 잘하는 상태에서 시작하는 사람은 없다.

〈2단계〉 시작은 하는 사람이다.

하지만 시작만 한다. 꿈도 많고 의욕도 많아 일단 시작은 한다. 그런데 지속하지 못한다. 그 이유는 다음 두 가지로 볼 수 있다.

1)멋진 꿈은 좋아하지만 작은 실행은 싫어한다. 꿈은 너무 멋진데 오늘 내가 해야 하는 일은 귀찮은 것이다.

2)장기적으로 볼 줄 모른다. 너무 짧게 보는 것이다. 실행은 오래해야 한다는 것을 모른다. 시작할 때는 재미를 느끼지만 반복하면서 흥미를 잃는다.

〈3단계〉 꾸준히 하는 사람이다.

성실하고 꾸준하다. 포기하지 않고 오래오래 한다. 꾸준히 한다고 끝은 아니다. 한 가지가 부족하다. 바로 개선하는 일이다. 3단계는 꾸준히 하지만 개선하지 않는 사람이다.

〈4단계〉 시작하고 꾸준히 하며 개선하고 쉼 없이 앞으로 나아가는 사람이다.

시작이 반이지만 시작은 반일뿐이다. 시작했다면 꾸준히 해야 한다. 그리고 개선해야 한다. 'Why'와 'How'를 물어야 한다. 어떻게 하면 더 잘 할 수 있을까? 왜 이것을 해야 할까? 생각하고, 공부하고, 조사하고 고민해야 한다. 그래야 좋은 결과를 얻을 수 있다.

실행력의 대가 '슈퍼바이처'

실행력의 대가로 슈바이처를 꼽을 수 있다. 그는 우리가 익히 알고 있는 의사 외에도 신학, 철학, 음악분야에서 전문가적 재능을 발휘하며 만족한 삶을 살았다. 그가 어릴 때 두각을 나타낸 분야는 음악이었다. 재능은 오랜 기간 이어졌다. 성인이 되어서도 뛰어난 오르간 연주가였다. 파이프 오르간 구조에 대한 논문을 집필할 정도로 출중한 실력을 보였다. 그러나 대학에서는 본인이 더 좋아하는 신학과 철학을 공부하며 스물일곱 살에는 철학 교수가 되었다.

의사가 되겠다고 결심한 것은 스물아홉이 되던 1905년 이었다. 프랑스 선교단의 보고서를 통해 아프리카의 흑인들이 의사가 없어 고통을 당하고 있다는 것을 알게 된 때부터다. 소명의식이 깨어났고 철학에서 의학으로 눈을 돌리게 되었다. 슈바이처는 이듬해 공부를 다시 시작해 마침내 서른여덟에 의학박사 학위를 받고 아프리카로 건너가 나병 환자를 위해 병원을 세우게 된다. 제4차 산업혁명시대를 맞아 우리는 평생 동안 여러 개의 직업을 갖게 될 것이라고 전문가들은 예언한다. 슈바이처는 이미 4개의 전문 직업을 거쳤던 실행력의 대가였던 것이다.

우리 주변에서 금연, 외국어 공부, 다이어트, 독서, 자격증 취득 등 어떠한 일에 도전할 때마다 꼼꼼하게 계획을 세우는 사람들을 자주 본다. 그러나 자세히 보면 그냥 대충 넘어가거나 작심삼일로 끝내 버리는 경우가 많다. 목표는 확실하지만 제대로 실행에 옮기지 못한다.

자신의 삶의 성공 여부는 실행력에 따라 달라진다. 계획만 세우고 제대로 행동하지 못하면 아무것도 얻는 것이 없다. 자신의 삶을 주도해 나갈 수 있도록 실행력을 반드시 실천해보자.

공부는 일생을 두고 오르는 등산길이다

필자는 대학을 갓 졸업한 신입사원들과 함께하는 시간이 많다. 1년 중 1개월에서 2개월을 그들과 함께한다. 신입사원을 대상으로 진행하는 입문 교육과 기초실무 교육을 운영해야 하기 때문이다.

요즘 신입사원들을 보면 영어 실력은 뛰어나지만 사물의 본질을 통찰하는 데 필요한 사고력이 크게 부족하다는 느낌이 든다. 이는 지나친 영어 중시 교육이 낳은 부작용이다.

자신이 기업의 인사 담당자라고 가정해보자. 영어 실력이 뛰어나지만 사고력이 떨어지는 사람과 비록 영어 실력은 조금 부족해도 사물의 본질을 꿰뚫어보는 통찰력을 지닌 사람이 있다면 당신은 둘 중 누구를 뽑겠는가? 당연히 후자를 선택하지 않겠는가? 본질을 꿰뚫어 보는 힘이 있으면 정치, 경제, 사회, 문화 등 여러 방면의 추세를 정확히 판단하고 날카롭게 예측할 수 있기 때문이다.

본질을 꿰뚫어 보는 힘은 어떻게 키울 수 있을까? 먼저 다양한 분야의 학문을 두루 섭렵하고 체계적인 지식을 쌓아야 한다. 사물의 본질을 파악하려면 특정 분야의 틀을 넘어 다양한 분야에서 풍부하고도 심도 있는 지식을 얻어야 한다.

시야가 넓어질수록 본질을 꿰뚫어 보는 통찰력이 키워져 특정 장르의 지식만으로는 도달할 수 없는 날카로운 판단과 분석에 이르게 된다. 그런데 오늘을 사는 현대인은 어떤가? 특히 젊은 세대는 종합적인 지식이 부족하고 사물을 깊이 탐구하는 사고력이 크게 떨어져 있는 것이 현실이다.

대학교수들도 오늘날 학생들의 학습능력이 20년 전보다 눈에 띄게 떨어졌다고 지적한다. 왜 그럴까? 학생들의 공부 시간이 대폭 감소했기 때문이다. 게다가 흥미를 갖는 범위도 매우 좁아서 폭넓은 시야를 갖기 어렵다. 학생만이 아니다. 직장인도 예전만큼 공부하지 않는다. 책을 읽거나 신문을 보는 대신 인터넷과 스마트폰에 빠져 보내는 시간이 많다.

이런 상황에서 지식력과 사고력은 갈수록 점점 더 떨어질 수밖에 없다. 시대적, 사회적 영향으로 흥미를 갖는 대상의 범위가 축소되고 그로 인해 사물을 보는 시야도 좁아지기 때문이다.

많은 사람들이 지적 호기심에 자극받아 다양한 학문에 도전
해야 한다. 우리가 공부를 하고 끊임없이 새 길을 내려고 애쓰
는 이유가 바로 이것이다. 공부란 늘 새로운 방법을 찾아내는
문제해결력을 기르는 일이다. 이미 이 세상에 있는 것을 완벽하
게 습득하고, 그것을 자신만의 방식으로 훈련함으로써 세상에
쌓인 문제를 해결하고 자신의 인생을 개척해간다. 그 과정에서
기쁨과 즐거움과 희열을 느끼는 모든 과정이 바로 새로운 공부
의 패러다임이다.

강요에 의한 공부, 시켜서 하는 공부, 늘 하던 대로 하는 공부
는 이제 버려야 한다. 공부란 결론을 위해 나아가는 행위가 아
니라 행동하는 과정 자체에서 의미를 찾는 행위다. 공부에는 끝
이 없고 실패도 없다. 그저 자기가 정한 바를 위해 나아가는 인
간, 그 우뚝한 모습만이 있을 뿐이다.

공부는 말하자면, 일생을 두고 오르는 등산길이다. 어떤 사람
은 바둑에 비기기도 하고 또 어떤 사람은 장거리 경주에 비기기
도 하지만 공부는 역시 등산에 비기는 것이 가장 적절하다고 생

각한다. 왜냐하면 바둑이나 경주와 달리 등산은 승부에 매달리지 않고 경쟁을 조장하지도 않는다. 자기 능력과 취향에 맞게 목표를 정하고 자기 흐름에 따라 걸음을 조정할 뿐이다.

빨리 올라가 멋진 조망을 보고 남이 오르지 못한 새 봉우리에 첫발을 디뎠다는 영예를 누리고 싶은 마음이 어찌 없겠는가? 그러나 이것을 목적으로 해서는 안 된다. 길게 보면 이것은 곧 자신의 잠재력을 소진시켜 더는 전진을 어렵게 하고, 성급한 나머지 발을 잘못 디뎌 다칠 위험을 가중시킨다. 오직 자기 몸과 공부의 세계를 하나로 조화시켜 그 안에서 지속적인 즐거움을 찾아나가는 길만이 장기적인 성취를 가능하게 하며, 설혹 특별한 성취가 없더라도 그 삶 자체로 값진 것이다.

등산길과 마찬가지로 공부의 길에도 가파르고 힘든 고비가 있고 지루하게 이어지는 황막한 여정도 있다. 그러나 포기하지 않고 꾸준히 매진할 때 언젠가는 고지에 올라 탁 트인 조망을 만나듯이 공부의 즐거움에 도달하지 않겠는가!

참고문헌 및 자료도서

- 《부모라면 유대인처럼 하브루타로 교육하라》 전성수 지음, 예담, 2012.
- 《시골의사 박경철의 자기혁명》 박경철 지음, 리더스북, 2011.
- 《서울대에서는 누가 A+를 받는가》 이혜정 지음, 다산에듀. 2014.
- 《질문이 있는 교실(초등편)》 하브루타수업연구회 지음, 경향BP, 2015.
- 《질문이 있는 교실(중등편)》 전성수, 고현승 지음, 경향BP. 2015.
- 《질문하는 공부법 하브루타》 전성수, 양동일 지음, 라이온북스, 2014.
- 《최고의 교수》〈EBS 최고의 교수〉 제작팀 지음, 예담, 2008.
- 《대한민국의 시험》 이혜정 지음, 다산 4.0, 2017.
- 《최고의 공부법》 전성수 지음, 경향BP, 2014.
- 《공부도둑》 장회익 지음, 생각의 나무, 2008.
- 《생각정리스킬》 복주환 지음, 천그루숲, 2017.
- 《문제해결 로직 트리》 이호철 지음, 비즈센, 2014.
- 《나는 고작 한 번 해봤을 뿐이다》 김민태 지음, 위즈덤하우스, 2016.

신문 기사

- 105세 대만 할아버지 "다음엔 또 뭘 해볼까" (2017.02). 조선일보
- 새의 등짝 (2016.03). 부산일보
- 강의실에서의 폭스박사 (2015.10). 중앙일보
- SNS의 빛과 그늘 (2015.11). 조선일보
- 영혼 없는 대학은 망하게 놔둬라 (2016.04). 중앙일보
- 반값 등록금보다 대학진학률 낮추는 게 급하다 (2016.05). 동아일보

- 문과가 어때서 (2016.05). 조선일보

- 진정한 맛은 어디로(2017.2) 중앙일보

- 대학이 사라진다 (2014.08). 한국대학신문

- 대학의 위기와 미래 (2016.08). 조선일보

- 더 많은 인재를 키워야 한다 (2016.05). 중앙일보

- 대학까지 이어지는 '엄마 주도 학습' (2016.03). 조선일보

- 누구를 위하여 골든벨은 울리는가? (2005.02). 남양주뉴스

- 알파고가 남긴 최대 과제는 교육 대혁명 (2016.03). 동아일보

- '국·영·수', '국·컴·수'로 바뀐다. (2016.03). 매일경제

- 셜록 홈스의 관찰력과 사업가의 자질 (2016.11). 한국일보

- 인생은 평생학습 (2016.04). 디트NEWS 24.

기타

- EBS 특별기획 〈통찰〉

- EBS 다큐프라임 〈진로교육 나는 꿈꾸고 싶다〉

- 동행심리상담센터(http://blog.daum.net/kongbln/16143673).

- HRD동향읽기, KIRD공식블로그(https://blog.naver.com/keyrdream/221243757251

- 생각의 힘과 호기심(UKC영국칼럼
  /http://blog.naver.com/mrs_english/220785702157)

- 우공이산의 유래. Naver 지식백과

- 이상 커플의 이상적인 라이프(http://blog.naver.com/isangcouple/221299241668)

- 이동석의 성공행동연구소(http://Successact.blob.me/221271888988)

공부유감

초판 1쇄 인쇄 2018년 10월 22일
1쇄 발행 2018년 11월 05일

지은이 이창순
발행인 이용길
발행처 **모아북스**
MOABOOKS

관리 양성인
디자인 이룸

출판등록번호 제 10-1857호
등록일자 1999. 11. 15
등록된 곳 경기도 고양시 일산동구 호수로(백석동) 358-25 동문타워 2차 519호
대표 전화 0505-627-9784
팩스 031-902-5236
홈페이지 www.moabooks.com
이메일 moabooks@hanmail.net
ISBN 979-11-5849-5849-085-0   13370

모아북스 는 독자 여러분의 다양한 원고를 기다리고 있습니다.
(보내실 곳 : moabooks@hanmail.net)